ESCUTE!

Dale Carnegie
e Associados

ESCUTE!

Como se comunicar de forma eficaz

SEXTANTE

Título original: *Listen! The Art of Effective Communication*

Copyright © 2017, 2019 por Dale Carnegie & Associates.
Copyright da tradução © 2023 por GMT Editores Ltda.

Todos os direitos reservados. Nenhuma parte deste livro pode ser utilizada ou reproduzida sob quaisquer meios existentes sem autorização por escrito dos editores.

tradução: Carolina Simmer
preparo de originais: Cláudia Mello Belhassof
revisão: Luis Américo Costa e Rachel Rimas
diagramação: Ana Paula Daudt Brandão
capa: Rodrigo Rodrigues
impressão e acabamento: Bartira Gráfica

CIP-BRASIL. CATALOGAÇÃO NA PUBLICAÇÃO
SINDICATO NACIONAL DOS EDITORES DE LIVROS, RJ

D141e

Dale Carnegie e Associados
 Escute! / Dale Carnegie e Associados ; tradução Carolina Simmer. - 1. ed. - Rio de Janeiro : Sextante, 2023.
 208 p. ; 21 cm.

 Tradução de: Listen! : the art of effective communication
 ISBN 978-65-5564-629-0

 1. Comunicação interpessoal. 2. Relações humanas. 3. Técnicas de autoajuda. I. Simmer, Carolina. II. Título.

23-83083

CDD: 153.6
CDU: 316.772.4

Meri Gleice Rodrigues de Souza - Bibliotecária - CRB-7/6439

Todos os direitos reservados, no Brasil, por
GMT Editores Ltda.
Rua Voluntários da Pátria, 45 – Gr. 1.404 – Botafogo
22270-000 – Rio de Janeiro – RJ
Tel.: (21) 2538-4100 – Fax: (21) 2286-9244
E-mail: atendimento@sextante.com.br
www.sextante.com.br

Sumário

Prefácio por Joe Hart   7
Introdução   11

PARTE UM
Fatores do receptor
1. Filtros e enquadramentos do receptor   23
2. Os sete tipos de ouvinte   37
3. Os quatro tipos de escuta   47
    Meu registro de escuta, parte 1   53

PARTE DOIS
Fatores do emissor
4. Filtros e enquadramentos do emissor   59
5. Fatores de codificação   69
6. Diferenças entre estilos de comunicação   79
    Meu registro de escuta, parte 2   88

PARTE TRÊS
Você não está escutando! Falhas na comunicação
7. Conflito   95
8. Seu estilo de conflito (e o que ele diz sobre a escuta)   109
    Meu registro de escuta, parte 3   125

PARTE QUATRO
Técnicas de escuta ativa
9. O fator Einstein: nunca pare de questionar 135
10. Cara de paisagem 149
11. A escuta no novo milênio 163
   Meu registro de escuta, parte 4 174

Conclusão 177
Intuição: a arte de ouvir a si mesmo 183
Catorze dias para se tornar um ouvinte melhor 191
Notas 205

Prefácio

Quem é o seu "exemplo de pessoa que sabe escutar"? Tenho a sorte de conhecer muitas pessoas que considero boas ouvintes e não é exagero dizer que, durante boa parte da vida, considerei Dale Carnegie meu maior exemplo de pessoa que sabe escutar. As ideias e a filosofia de Dale foram onipresentes durante minha infância. Meus pais até me deram um livro dele, o clássico *Como fazer amigos e influenciar pessoas*.

Há bons motivos para que ele seja um dos meus exemplos. Dale era uma força incontrolável. Nascido em uma família pobre, em uma fazenda no Missouri, superou as adversidades e se tornou uma das pessoas mais influentes do seu tempo – e do nosso. Minha admiração foi crescendo conforme o conhecia melhor como pessoa e como líder. Ele mudou a vida de milhões de leitores ao divulgar alguns princípios que criou e que melhoraram sua vida. *Como fazer amigos e influenciar pessoas* continua nas listas de mais vendidos até hoje. Suas ideias são a base da Dale Carnegie Training, líder global no mercado de desenvolvimento pessoal e profissional.

Foi apenas em 1995, depois de participar de um curso de 12 semanas na Dale Carnegie Training, que parei de apenas achar as ideias de Dale interessantes e comecei a usá-las para mudar minha vida. É claro que princípios, por si sós, não mudam a vida de ninguém. A vida se transforma quando *aplicamos* esses princípios à nossa visão de mundo. Eu sabia que, para mudar de verdade, precisava colocar em prática tudo que tinha aprendido no curso.

Fiz isso, e as pessoas notaram! Amigos, entes queridos, colegas de trabalho, todos começaram a me dizer que eu parecia mais confiante. Mais simpático. Passei a interagir com os outros de um jeito mais positivo. Fiquei tão satisfeito com essa "nova versão" de mim que continuei aprendendo e seguindo as ideias de Dale Carnegie. Fiquei tão empolgado com o curso que abandonei minha carreira e acabei me tornando presidente e diretor-executivo da Dale Carnegie Training. Isso é que é mudança!

Quando você transforma a si mesmo, transforma a sua vida. Quando você transforma a sua vida, transforma o mundo. Não apenas o mundo ao seu redor, com seus amigos e colegas de trabalho. Você transforma o mundo inteiro. O desenvolvimento pessoal pode, sem dúvida, mudar a forma como interagimos com outros seres humanos por gerações no futuro. Vejo isso acontecer todos os dias no trabalho. Quando viajo para outros países e me encontro com nossas equipes, nossos alunos e ex-alunos, vejo em primeira mão o impacto que o desenvolvimento pessoal causa no planeta, e isso me deixa ainda mais empolgado com o trabalho que fazemos.

É por isso que *Escute!* é um livro tão importante. A capacidade de escutar de fato o que a outra pessoa está dizendo talvez seja a habilidade mais relevante para mudar a sua vida. Não se trata daquilo que "ganhamos" ao escutar o outro, mas de ter uma mentalidade de servir o próximo em tudo que fazemos. A escuta autêntica é a forma mais elevada de servir.

Quando comecei a trabalhar na Dale Carnegie Training, meu objetivo era escutar. Eu queria ouvir o que as pessoas tinham a dizer sobre nossa empresa – dentro e fora dela. Usei os conceitos e princípios que você vai aprender nas próximas páginas para chegar ao cerne do significado de ser um bom ouvinte.

É claro que todo desenvolvimento pessoal é uma evolução. Apesar de eu ser um ouvinte melhor agora do que era alguns anos atrás, serei ainda melhor daqui a um tempo. Como dizem por aí: "Nada é permanente, exceto a mudança. Se você não estiver melhorando, está piorando." É preciso ter muito comprometimento para colocar em prática, com regularidade, os princípios que você aprenderá aqui. No entanto, se conseguir fazer isso, você verá a sua vida decolar de formas que nem imagina.

Enquanto estiver lendo, peço que reflita sobre as ideias apresentadas e pense em como aplicá-las à sua vida. Para você, por que é importante se tornar um bom ouvinte? Como isso mudaria a sua vida? Como você pode mudar a vida dos outros? Quem pensa em você como um exemplo de alguém que sabe escutar?

Divirta-se com a leitura e utilize o material. O melhor presente que você pode dar a outra pessoa é se tornar uma versão melhor de si mesmo. E o primeiro passo para isso é aprender a escutar.

Joe Hart,
presidente e CEO da Dale Carnegie Training

Introdução

E deixei que ele pensasse que eu era bom de papo, quando, na verdade, eu apenas sabia ouvir e o incentivei a falar.
— Dale Carnegie

O dilema da laranja[1]

Dois adolescentes brigavam. Ambos queriam uma laranja, mas restava apenas uma.
– É minha!
– Não, é minha!
A mãe deles escutou a briga e foi ver o que estava acontecendo.
– Que tal vocês dividirem?
Os dois declararam:
– Não! Preciso da laranja inteira.
Eles bolaram vários métodos "justos" para decidir quem ficaria com a laranja, como par ou ímpar, cara ou coroa e puxar palitinhos, mas não conseguiam chegar a um consenso.
Após escutar isso tudo, a mãe perguntou:
– Bom, para que vocês precisam da laranja?
– Preciso da polpa para o meu suco.
– Preciso da casca para o meu bolo.
De repente, os adolescentes se entreolharam e começaram a rir. Os dois poderiam ficar com a laranja inteira! Um ficaria com a polpa, e o outro, com a casca. Para dar fim àquele dilema

aparentemente impossível de resolver, bastou que a mãe fizesse a pergunta certa e que eles escutassem as respostas.

A arte da escuta

Quantas vezes isso ocorreu com você? Duas pessoas têm necessidades conflitantes, e parece inevitável que uma delas não consiga aquilo de que precisa. Acontece o tempo todo em casa e no trabalho.

E se houvesse uma forma diferente de pensar? Uma forma que reduzisse conflitos, construísse relações mais fortes e permitisse que você se afastasse da situação para enxergar o quadro geral? E se houvesse uma forma de melhorar todos os seus relacionamentos? Ela existe. E se chama *escutar*.

Existe uma forma de melhorar os seus relacionamentos. Ela se chama escutar.

Apenas ouvir não resolve nada. Não se trata de permanecer passivo, dizendo "Tudo bem. E como você se sente sobre isso?" enquanto pensa no que vai responder. Você precisa saber fazer as perguntas certas, escutar de forma eficiente e tomar as atitudes adequadas depois de compreender a situação. Trata-se de entrar na realidade da outra pessoa e perceber como ela encara o mundo.

A escuta ativa não acontece naturalmente. Ninguém nasce com esse talento. A gente não vê crianças perguntando "Então, Jimmy, para que VOCÊ precisa da laranja?". A escuta ativa é uma arte que aprendemos. Afinal, o que é a arte se não a prática da criação? Quando escuta de verdade o que a outra pessoa diz –

não apenas suas palavras, mas o contexto inteiro da comunicação –, você gera um relacionamento com essa pessoa. Ele pode durar 5 minutos ou 50 anos. A verdade é que a comunicação cria – ou destrói – relações.

Foi por isso que a Dale Carnegie Training produziu este livro. A escuta ativa não só é uma arte como também é uma habilidade. Assim como um pintor ou escultor domina sua arte por meio de aprendizado, prática e repetição, você pode aprender a se tornar um ouvinte melhor. Ao fazer isso, você verá se abrir um mundo inteiro que talvez nunca tenha notado. Um mundo em que você consegue entender o que uma pessoa realmente quer dizer, não apenas o que as palavras transmitem. Um mundo em que você consegue lidar com a raiva e as emoções desconfortáveis durante conversas e evita piorar uma briga. Você aprenderá a escutar de forma que a outra pessoa se sinta ouvida e se torne mais propensa a escutá-lo também. Com *Escute!*, você dominará a arte da comunicação.

Escutar e ouvir

"Eu já sei escutar muito bem. Sou capaz de repetir tudo que uma pessoa me diz, palavra por palavra!"

Existe uma diferença enorme entre escutar e ouvir. Claro, você pode ser capaz de ouvir e repetir as palavras que alguém disse. Mas isso significa que você *escutou*? Não necessariamente.

Ouvir é involuntário. É o que acontece quando as vibrações sonoras de expressões vocais chegam a seus tímpanos. Você provavelmente já passou por muitas ocasiões em que não queria ouvir algo, mas não conseguiu ignorar o som.

Escutar envolve ouvir, mas também *compreender*. É uma atividade participativa, o que significa que, para a escuta acontecer, você precisa interagir e participar. Exige concentração e atenção, para que você consiga analisar o que está ouvindo e atrelar um significado às palavras.

Todos nós já participamos de uma conversa em que a outra pessoa repetia exatamente o que tínhamos acabado de dizer, mas ficava nítido que ela ainda não havia entendido a mensagem que pretendíamos transmitir.

Aqui vai um exemplo. Duas amigas conversam sobre trabalho. Uma está na área de tecnologia da informação (TI) e a outra, não.

A amiga do TI diz:

– O trabalho é muito legal. Estamos criando um novo SSL para VPN que vai aumentar a mobilidade BYOD e oferecer conectividade integrada ao mesmo tempo que protege os recursos da empresa. Mal posso esperar para ficar pronto.

A amiga que não trabalha com TI talvez seja capaz de repetir o que ouviu. "SSL", "VPN", "mobilidade BYOD". Porém, a menos que compreenda esses termos, ela não tem a menor ideia do que a outra disse ou do que isso tudo significa. E não é apenas a terminologia técnica que faz diferença. Como a amiga se sente ao falar sobre esse assunto? O que a informação significa para ela? Só porque alguém fala e você ouve suas palavras não quer dizer que esteja escutando e compreendendo de verdade.

O teste do "Você está me escutando agora?"

A maioria das pessoas diria que sabe escutar. Na verdade, em avaliações 360 graus de gerentes (em que o gerente é avaliado por seu superior, seus colegas e subordinados diretos), costuma ser observada uma diferença enorme entre a forma como o gerente se autoavalia como ouvinte e a avaliação das outras pessoas.[2] Em outras palavras, você pode ACHAR que é um excelente ouvinte. Mas é mesmo?

> Você pode ACHAR que é um excelente ouvinte. Mas é mesmo?

Para testar suas habilidades como ouvinte, faça a autoavaliação a seguir.

Responda às questões de acordo com a escala. Tente ser o mais sincero possível.

Nunca   Raramente   Às vezes   Com frequência   Com muita frequência

1. Quando estou conversando ao telefone, consigo responder a e-mails e mensagens ao mesmo tempo.

2. Ao escutar outra pessoa, começo a ficar nervoso e reagir de forma emotiva.

3. Fico desconfortável com momentos de silêncio durante conversas.

4. Se considero relevante compartilhar uma história, interrompo a outra pessoa para contá-la e depois deixo que ela volte a falar.

5. As pessoas parecem ficar nervosas durante algumas conversas comigo, e isso acontece do nada.

6. Para manter o ritmo da conversa, faço perguntas que podem ser respondidas com um simples "sim" ou "não".

7. Banco o "advogado do diabo" para levar a outra pessoa a ver um lado diferente do que ela defende.

8. Se alguém quer conversar sobre o mesmo assunto o tempo todo, digo o que ela quer ouvir para cortar o papo.

9. Enquanto escuto, fico pensando no que vou responder para a outra pessoa.

10. Fico incomodado quando as pessoas falam de assuntos delicados comigo.

11. Se outra pessoa tem uma opinião diferente em relação a algo do qual tenho muita convicção, evito entrar nesse assunto.

12. Não presto muita atenção em detalhes como o ambiente da conversa ou a linguagem corporal. O que importa é o que a outra pessoa está falando.

13. Se a outra pessoa tem dificuldade para dizer algo, ofereço sugestões.

14. Se estou fazendo algo e sou interrompido por alguém que quer conversar, fico impaciente, desejando que a pessoa termine logo para que eu volte à minha tarefa.

Para saber sua nota, some a seguinte pontuação para cada resposta:

Nunca = 1 ponto
Raramente = 2 pontos
Às vezes = 3 pontos
Com frequência = 4 pontos
Com muita frequência = 5 pontos

INTERPRETAÇÃO DA NOTA
14-29: Medalha de ouro
Você já é um ótimo ouvinte. Tem a capacidade de fazer as pessoas se sentirem ouvidas e quererem chamá-lo para conversar. Você permanece emocionalmente presente e oferece sua atenção total às pessoas. Continue crescendo e evoluindo. Prossiga com a leitura deste livro para aprender a se tornar um ouvinte ainda mais eficiente.

30-49: Medalha de prata
As pessoas gostam de conversar com você, mas às vezes, quando o assunto fica incômodo ou ganha uma carga emocional, você muda de assunto ou faz uma piada. As ferramentas e ideias neste livro o ajudarão a continuar crescendo e se tornar um ouvinte ainda mais eficiente.

50-70: Medalha de bronze
Se você está nesta categoria, talvez acredite ser um ouvinte melhor do que realmente é. Talvez esteja passando para as pessoas a impressão de que não se importa com o que elas dizem, ou pode interpretar as coisas do jeito errado com frequência. Mas não se preocupe. As coisas que aprenderá neste livro com certeza o ajudarão a se tornar um ouvinte melhor.

O modelo do telefone sem fio

Todo mundo brincava de telefone sem fio quando era criança. Um grupo senta em um círculo, e uma pessoa sussurra uma frase para a do lado ("O livro está embaixo da cadeira"), que então sussurra o que escutou para o amigo do lado. A última pessoa a escutar o sussurro revela em voz alta a mensagem repassada ("O piso é de madeira"). Esse é um exemplo engraçado de como as ideias são facilmente mal-interpretadas na comunicação oral.

Nessa brincadeira infantil existe um modelo útil para compreender os conceitos básicos da comunicação. Toda comunicação envolve cinco elementos: *o emissor, o ato de codificar, a mensagem, o ato de decodificar* e *o receptor*.

Os elementos da comunicação

Escutar é simplesmente esse processo ao contrário. E é assim que este livro foi organizado.

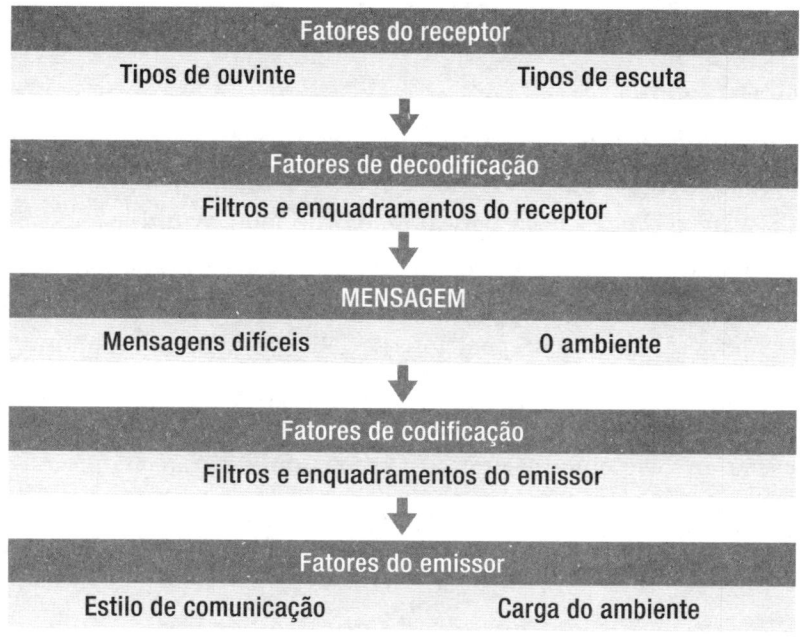

Adicionalmente, há capítulos que falam sobre falhas na comunicação, habilidades e técnicas eficientes de escuta. No fim do livro há um abrangente workshop para escutar melhor, com duração de catorze dias, em que você colocará em prática tudo que aprendeu.

Você está pronto para se tornar um ouvinte mais eficiente? Vamos começar!

A arte da conversa se resume a escutar.
– MALCOLM FORBES

PARTE UM

Fatores do receptor

1
Filtros e enquadramentos do receptor

Mudanças acontecem quando escutamos e depois iniciamos um diálogo com as pessoas que estão fazendo algo que acreditamos não ser correto.

– Jane Goodall, antropóloga
e mensageira da paz da ONU

Um dos esquetes de comédia mais famosos sobre beisebol foi uma conversa entre Bud Abbott e Lou Costello. Ela capta perfeitamente como acontecem falhas na comunicação quando a pessoa que fala quer dizer uma coisa, mas a pessoa que ouve escuta algo diferente. Aqui vai um trecho do quadro apresentado pela dupla no rádio:

> Abbott: Bom, vamos ver, recebemos a escalação do time. Quem está na primeira, Quê está na segunda, Não Sei está na terceira...
> Costello: É isso que eu quero descobrir.
> Abbott: Então, eu acabei de dizer. Quem está na primeira, Quê está na segunda, Não Sei está na terceira.
> Costello: Bom, então quem está na primeira?
> Abbott: Isso.
> Costello: Quero saber o nome da pessoa.
> Abbott: Quem.

COSTELLO: Do cara na primeira.
ABBOTT: Quem.
COSTELLO: Do jogador na primeira base.
ABBOTT: Quem.
COSTELLO: Do cara que vai jogar...
ABBOTT: Quem está na primeira!
COSTELLO: Estou perguntando para VOCÊ quem está na primeira.
ABBOTT: Esse é o nome do homem.
COSTELLO: Esse é o nome de quem?
ABBOTT: Sim.
COSTELLO: Tá bom, anda logo e me diz.
ABBOTT: É esse mesmo.
COSTELLO: Quem?
ABBOTT: Sim.

O esquete continua de um jeito hilário, mas o argumento é claro. Com muita frequência, o receptor escuta algo completamente diferente do que o emissor pretendia. Nesse caso, Costello escutava a palavra "quem" como uma pergunta, enquanto Abbott a usava como o nome do jogador na primeira base.

Enquadramentos

O motivo para muitas vezes entendermos o significado de uma mensagem de forma diferente daquela pretendida pelo emissor tem relação com algo chamado *enquadramento*.

A ideia de enquadramento existe há muito tempo. Em 1955, o pesquisador Gregory Bateson afirmou que declarações "não têm um sentido intrínseco, apenas o adquirem em um enquadramento constituído por contexto e estilo".

Em outras palavras, se eu disser "Os Denver Broncos estão ganhando o jogo", a frase não tem nenhum significado até que a pessoa que escuta a enquadre. O que são Denver Broncos (é um carro ou outra coisa)? Que jogo é esse? O que "ganhar" significa para mim, se é que significa alguma coisa?

Se o receptor nunca tiver ouvido falar em futebol americano (ou, indo além, se ele não entender o que é um "jogo"), não souber quem são os Denver Broncos e não se importar se eles vão ganhar ou não, a frase não terá nenhum significado real. Se o falante juntasse um monte de palavras aleatórias, daria na mesma.

Desde as primeiras interações na infância com nossos pais e as pessoas ao redor, nós adquirimos enquadramentos. Se uma criança vir o pai assistindo a partidas de futebol americano na televisão todo domingo, ela desenvolverá um enquadramento para isso. Se outra criança, criada em outra cultura, vir o pai assistindo a partidas de futebol, vai desenvolver um enquadramento para isso. Agora imagine que essas duas crianças cresçam e tentem conversar sobre "futebol", mas com enquadramentos completamente diferentes sobre o significado da palavra. Seria como uma encenação do esquete de Abbott e Costello.

O enquadramento é a noção abrangente que você tem em relação a uma situação ou um assunto.

Em essência, um enquadramento é uma visão "macro" de determinada situação. É como se, de forma inconsciente, você observasse o mundo por meio da lente de uma câmera. Algumas coisas aparecem no visor; outras, não. O receptor só consegue escutar ou captar os elementos enquadrados. E nosso enquadramento é influenciado por gênero, educação, presunções, motivações pessoais, senso de eficiência, relacionamento com a outra pessoa e outras coisas. As experiências que temos no mundo, as coisas que aprendemos e observamos, tudo leva a enquadramentos.

A questão é que esse enquadramento costuma ser inconsciente, o que significa que nem sempre temos noção da forma como nossas experiências moldam as nossas percepções.

Aqui vai uma piada que ilustra como o enquadramento inconsciente da linguagem é capaz de afetar uma conversa.

Uma mulher vai ao escritório do seu advogado para dar entrada no divórcio. Ele está anotando as informações dela quando pergunta:
– O divórcio é consensual?
Ao que ela responde:
– Bom, não me sinto mais atraída por ele.
– Não, senhora. Eu quero saber se é uma separação amigável.
– Não, nós tínhamos um relacionamento de casal.
Um pouco frustrado, o advogado pergunta:
– Minha senhora, eu quero saber se existe conflito de interesses.
Com um olhar muito confiante, ela declara:
– Sim, nós temos gostos completamente diferentes.
É então que o advogado perde a paciência e diz:
– Vamos tentar de novo. Por que raios a senhora quer se divorciar?
– Porque ele nunca me escuta!

Na piada, o advogado usa termos jurídicos para fazer suas perguntas. A mulher escuta as palavras "consensual", "amigável" e "conflito de interesses" de forma diferente por causa do seu enquadramento.

Enquadramentos podem gerar parcialidade

Enquadramentos inconscientes também podem gerar parcialidade. Isso acontece o tempo todo nas redes sociais. Uma luz brilha no céu, e o enquadramento das pessoas determina suas opiniões sobre o motivo. Há quem pense que é um objeto voador não identificado e que o governo está escondendo as provas. Outros acreditam que é um sinal de Deus sobre a chegada do apocalipse. E ainda existem aqueles que enxergam um meteoro gasoso entrando na atmosfera. Em cada caso, o enquadramento da pessoa influencia suas crenças e a forma como ela interpreta a situação.

Já aconteceu de você escutar algo, automaticamente presumir ser uma coisa e depois receber uma informação que mudou completamente seu enquadramento? Por exemplo, você escuta seu amigo sussurrando ao telefone, combinando um encontro. Dependendo do seu enquadramento, você pode concluir que seu amigo terá um encontro amoroso. Porém, se você lembrar que o seu aniversário será na semana seguinte, isso talvez mude o seu enquadramento e você pressuponha que seu amigo está planejando uma surpresa.

Vamos fazer um exercício rápido. Qual é a primeira interpretação que surge na sua cabeça ao ouvir as seguintes frases:

- "Você já comeu?"
- "Ah, que pena que você não gostou do filme…"
- "Onde você quer jantar?"

Aqui vão alguns enquadramentos diferentes para a interpretação das frases.

"Você já comeu?"
Essa pergunta pode ser interpretada como um convite para fazer uma refeição ("Então venha jantar comigo!"), uma crítica sobre hábitos alimentares ("São três da tarde!") ou uma dúvida real sobre a refeição da pessoa.

"Ah, que pena que você não gostou do filme..."
Essa declaração pode ser interpretada como um pedido de desculpas por ter escolhido um filme de que a pessoa não gostou ("Eu não devia ter obrigado você a assistir a uma comédia romântica"), um comentário hostil sobre o gosto da pessoa para filmes ("Você nunca gosta das mesmas coisas que eu") ou um reconhecimento neutro de que a outra pessoa não gostou do filme.

"Onde você quer jantar?"
Essa pergunta é um clássico para começar brigas em muitas relações. Ela pode ser interpretada como "Diga onde você quer jantar e iremos lá" ou pode ser enquadrada como uma armadilha, caso o receptor responda e o emissor não goste da sua escolha. "Que tal o Ned's?" "A gente foi ao Ned's ontem!" Ou pode ser interpretada como o início de um diálogo.

Esses três exemplos ilustram bem como o enquadramento de uma pessoa influencia a maneira como ela escuta as palavras do interlocutor e como reage a elas. Também é fácil ver como variáveis diferentes – gênero, educação, o relacionamento e o histórico com a outra pessoa, etc. – influenciam esses tipos de situação. Se você passa pela mesma experiência repetidas vezes com alguém, a tendência é criar um enquadramento para TODAS as suas interações com essa pessoa.

Se você e sua mãe têm uma relação conflituosa e ela perguntar "Você já comeu?", é provável que você escute isso como uma crítica. Feita por seu parceiro romântico, há mais chances de que a mesma pergunta seja interpretada como um convite para jantarem juntos. As palavras são iguais, porém a interpretação é completamente diferente.

Se você passa pela mesma experiência repetidas vezes com alguém, a tendência é criar um enquadramento para TODAS as suas interações com essa pessoa.

Filtros

Isso significa que todos estamos fadados a receber informações a partir desses enquadramentos geralmente inconscientes e a reagir com base em informações tendenciosas? Não, de forma alguma. Há outro elemento que influencia nossa forma de receber informações. São os *filtros*.

Enquanto o enquadramento é o "quadro geral" de uma situação, o filtro é uma escolha consciente de se concentrar mais em uma coisa do que em outra. Usando a analogia da câmera, o enquadramento é aquilo que a lente da câmera consegue captar. O filtro é aquilo em que se aplica o foco – as áreas que ficam nítidas e as que ficam embaçadas, as que ficam claras e as que ficam escuras.

É por meio do filtro que podemos mudar como recebemos o que uma pessoa está dizendo. É importante notar que filtros não são bons nem ruins. São apenas um jeito de lidar com todos os dados que entram na nossa mente.

O exemplo da janela

Aqui vai um ótimo exemplo de como os filtros afetam a percepção. Duas pessoas entram em uma sala com uma grande janela de vidro, com vista panorâmica de 180° para o mar.

– Olhe só essa vista! – diz Mary.

– Mal consigo enxergar do outro lado da janela, com tanta sujeira. Alguém devia limpar isso aí – comenta Bill.

– Imagine só, acordar e ver o sol nascendo assim todas as manhãs? – continua Mary.

– Acho que deve bater sol demais. E cadê a privacidade? Eu instalaria umas cortinas, sem dúvida – responde Bill.

No exemplo, Mary se concentra nos elementos do outro lado da janela – o mar, a luz do sol que entra no cômodo. Bill presta atenção na janela em si. Mary tem uma visão positiva, porque filtrou o vidro sujo e a falta de privacidade. Bill tem uma visão negativa, porque filtrou a vista linda. Em vez disso, ele se concentra na necessidade de instalar cortinas, na sujeira da janela e na falta de privacidade.

Não é que uma pessoa esteja certa e a outra, errada. A vista *é* linda. E a janela *está* suja. Porém, é nesse momento da interação que os dois interlocutores podem escolher dar um passo para trás e observar como os enquadramentos e filtros da outra pessoa afetam sua percepção, ou a situação se transformará em uma briga.

Aqui vão dois resultados possíveis para a conversa.

Primeiro resultado

– Olhe só essa vista! – diz Mary.

– Mal consigo enxergar do outro lado da janela, com tanta sujeira. Alguém devia limpar isso aí – comenta Bill.

– Imagine só, acordar e ver o sol nascendo assim todas as manhãs? – continua Mary.

– Acho que deve bater sol demais. E cadê a privacidade? Eu instalaria umas cortinas, sem dúvida – responde Bill.

– Você é sempre tão negativo! Por que não consegue admirar a beleza das coisas? Você critica tudo! – rebate Mary.

– Bom, um de nós precisa ser realista. Afinal de contas, é você quem limpa as janelas? Não. Essa tarefa é minha. E se você não se importa que a vizinhança inteira veja você sem roupa, eu me importo! – grita Bill.

Segundo resultado

– Olhe só essa vista! – diz Mary.

– Mal consigo enxergar do outro lado da janela, com tanta sujeira. Alguém devia limpar isso aí – comenta Bill.

– Imagine só, acordar e ver o sol nascendo assim todas as manhãs? – continua Mary.

– Acho que deve bater sol demais. E cadê a privacidade? Eu instalaria umas cortinas, sem dúvida – responde Bill.

– Aposto que essa janela faz você se lembrar da época em que era criança e a sua mãe o obrigava a limpar as portas de vidro até que ficassem um brinco – diz Mary em tom carinhoso.

– Com certeza! Isso sem falar nos vizinhos fofoqueiros, que ficavam olhando para nós o tempo todo. Mas a vista é bonita. Me fez lembrar da nossa lua de mel – responde Bill.

No primeiro resultado, tanto Mary quanto Bill ficaram frustrados por não usarem os mesmos filtros. No segundo, o casal tomou a decisão consciente de se escutar e tentou entender como e por que seus filtros eram diferentes.

A escuta ativa ocorre quando compreendemos nossos enquadramentos e filtros e como eles influenciam nossa forma de receber a mensagem da outra pessoa.

Controle emocional

Escolher identificar nossos filtros e os dos outros exige um nível de controle sobre nossas emoções ao escutar as pessoas. É fácil ouvir alguém que tem o mesmo enquadramento e usa os mesmos filtros que nós. Porém, conversar com alguém que enxerga o mundo de forma completamente diferente é muito difícil.

No seu clássico livro *Como chegar ao sim*, Roger Fisher e William Ury, pesquisadores de conflito, mencionam várias técnicas para lidar com as emoções durante brigas. Emoções fortes são tanto uma causa quanto um resultado do conflito. Pessoas em discussão podem ter uma série de sentimentos negativos – raiva, desconfiança, decepção, frustração, confusão, preocupação ou medo. Aqui vão algumas dicas, baseadas no trabalho de Fisher e Ury, de como lidar com emoções intensas:

1. Quando você sentir que as emoções estão dominando, afaste-se da situação e se concentre nas emoções da outra pessoa. Ela está irritada ou apenas exaltada em relação ao assunto?

2. Tente encontrar a fonte das emoções. Quais são os filtros dela que podem estar motivando os sentimentos e ações relacionados à situação? É possível que os filtros não tenham nada a ver com você?

3. Fale abertamente sobre os sentimentos da outra pessoa. "Parece que esta conversa está deixando você com raiva. Estou interpretando errado?"

4. Expresse os próprios sentimentos de forma não combativa (usando frases que começam com "eu", e não com "você"). "Eu acho que estou com raiva porque..."

5. Reconheça que os sentimentos da outra pessoa são válidos e que faz sentido ela enxergar as coisas de um jeito diferente do seu.

6. Se a outra pessoa não conseguir se afastar das próprias emoções, você precisa fazer isso. Não tenha uma reação emocional; em vez disso, saia do cômodo e dê aos dois uma chance de se acalmar.

Aqui vai um exemplo de como isso pode acontecer de verdade:

Susan e Tim estão organizando um evento beneficente no trabalho. Susan tem o enquadramento de que organizadores devem compartilhar abertamente todas as informações e conversar com regularidade sobre o projeto.

Tim, por outro lado, tem o enquadramento de que cada um deles tem papéis complementares e cada pessoa deve ser responsável apenas por fazer a própria parte e depois avisar à outra. Por causa disso, ele é menos comunicativo com Susan do que ela gostaria.

O resultado é que Susan vai se tornando mais agressiva nas tentativas de se comunicar com Tim. Ela começa a mandar e-mails e mensagens de texto diários para ele, além de perguntar a outras pessoas se sabem o que está acontecendo. "Ele não me responde! Como vamos organizar o evento juntos se eu nem sei o que ele está fazendo?"

A reação de Tim é se afastar ainda mais e parar de responder às mensagens e ligações dela. "Ela fica tentando mandar em mim! Não vou conseguir fazer nada se ela continuar me enchendo o saco!"

Para solucionar a questão, Tim e Susan podem usar as seis dicas anteriores:

1. Afastar-se da situação e se concentrar nas emoções da outra pessoa. Susan poderia inferir que Tim está frustrado. Tim poderia inferir que Susan está em pânico.

2. Tentar encontrar a fonte das emoções. Os dois têm enquadramentos diferentes e se concentram em coisas diferentes. Tim poderia enxergar que o enquadramento de Susan é "Estamos juntos nessa". Isso faz com que ela se concentre na quantidade de comunicação. Se ela não tiver muitas notícias dele, vai ficar ansiosa. Susan poderia enxergar que o enquadramento de Tim é "Vamos dividir as tarefas para cada um fazer a sua parte". Isso faz com que ele se concentre nas tarefas e na sua execução em vez de na quantidade de informações. Ela poderia enxergar que a frustração dele é causada por ela não se concentrar no trabalho que precisa ser feito.

3. Falar abertamente sobre os sentimentos da outra pessoa. "Tenho a sensação de que você está frustrado com a forma como o projeto está sendo conduzido."

4. Expressar os próprios sentimentos de forma não combativa. "Fico estressada quando não sei se as coisas estão sendo

feitas ou não." "Eu me sinto pressionado quando você fica me perguntando o tempo todo o que está acontecendo."

5. Reconhecer que os sentimentos da outra pessoa são válidos. "Entendo por que você fica ansiosa quando não sabe como está a minha parte do projeto." "E eu entendo por que você se sente pressionado quando fico ligando e mandando mensagens sem parar."

6. Caso necessário, sair do cômodo. "Vamos dar uma pausa de 10 minutos na conversa. Preciso tomar um copo d'água."

Este capítulo se concentrou nos enquadramentos e filtros do receptor e em como eles afetam a escuta. O Capítulo 2 se aprofunda nos diferentes tipos de ouvinte e em como esses enquadramentos e filtros podem se tornar características habituais da personalidade de alguém.

2

Os sete tipos de ouvinte

Você é capaz de fazer mais amigos em dois meses demonstrando interesse genuíno pelas pessoas do que em dois anos tentando fazer com que os outros se interessem por você.
– Dale Carnegie

Certa tarde, o dr. Porter dava uma aula de psicologia dos negócios para sua turma de calouros na faculdade quando começou a desconfiar que ninguém estava prestando atenção. Ele explicava sua teoria clássica sobre motivação e decidiu fazer umas perguntas para animar o clima.

Brad parecia preferir estar em qualquer outro lugar. Estava sentado ali, batendo o pé, encarando o relógio, olhando para o celular a cada minuto.

– Sr. Lawson, o modelo diz que o valor de uma recompensa é parte da motivação por trás do comportamento de uma pessoa. O senhor concorda?

– Hã... sim. Claro – respondeu Brad, sem tirar os olhos do telefone.

Melanie estava sentada olhando para o nada. O dr. Porter se aproximou da janela que ela encarava e parou diretamente na sua linha de visão.

– Srta. Griffin, segundo o próximo argumento do modelo, a

motivação é influenciada pela quantidade de esforço feito. Qual é a sua opinião sobre isso?

Melanie despertou do seu devaneio ao ouvir alguém falando com ela.

– O quê? Desculpe, não escutei.

– Eu dizia – continuou o dr. Porter – que a motivação é um fator por trás de várias coisas. Seja porque a recompensa é valiosa, seja pelo esf...

De repente, Breanna interrompeu.

– Depende do esforço que demanda e da probabilidade de que a recompensa seja entregue.

Então se recostou na cadeira e sorriu.

O dr. Porter perguntou à garota ao lado dela:

– Srta. Brenner, na sua opinião, o que seria recompensador o suficiente para que faça um esforço?

Caitlyn apenas o encarou com um olhar inexpressivo por trás dos cílios excessivamente maquiados.

– Nada.

Ao seu lado, Danny murmurou:

– Que surpresa. Vocês, emos, não ligam pra nada.

O dr. Porter foi até a carteira de Danny.

– Bem, então, sr. Valdez, o que é recompensador, na sua opinião?

– Dormir. Porque é isso que tenho vontade de fazer nesta aula.

Então Gene se meteu:

– O que parece estar acontecendo, na verdade, é que Breanna acha intrinsicamente recompensador demonstrar seu conhecimento durante a aula, e também acredita que, se o professor souber que ela entendeu tudo, vai tirar uma nota melhor. Danny, por outro lado, acha que não tem capacidade de se dar bem no curso, então é grosseiro para esconder isso.

Na última fileira da sala havia uma garota tímida, Anna. Hesitante, ela ergueu a mão.

– Dr. Porter? O senhor criou o modelo com seu colega, o dr. Lawler, não foi? Como foi que expandiram a teoria da expectativa de Vroom?

O dr. Porter sorriu e voltou para a frente da sala. Pelo menos *alguém* estava prestando atenção.

– Isso mesmo, srta. Patel. Eu e Ed usamos a teoria da expectativa de Victor Vroom e acrescentamos alguns aspectos. Vejamos este diagrama…

Os sete tipos de ouvinte

Quantas vezes aconteceu de você estar falando e se deparar com alguém como os alunos do dr. Porter? Quantas vezes *você* foi um desses ouvintes?

O exemplo anterior ilustra os sete tipos de ouvinte identificados pela Dale Carnegie Training.

Os distraídos
Os de corpo presente
Os intrometidos
Os indiferentes
Os combativos
Os terapeutas
Os engajados

Os seis primeiros tipos são menos eficientes do que o sétimo. Aqui vai uma descrição mais detalhada de cada um deles.

Os distraídos

Brad é um distraído clássico. Ficar batendo o pé e olhando para o relógio mostram ao falante que ele não está oferecendo sua atenção completa. Essas pessoas passam a impressão de estar com pressa e vivem olhando ao redor ou fazendo outra coisa. Também conhecidas como multitarefas, elas não conseguem ficar sossegadas e escutar.

Os de corpo presente

No exemplo, Melanie é uma de corpo presente. O dr. Porter falava, mas ela sonhava acordada em vez de prestar atenção. Essas pessoas estão do seu lado no sentido físico, mas não no mental. Dá para perceber pela inexpressividade no rosto delas. Ou estão perdidas em devaneios, ou estão pensando em algo completamente diferente.

Os intrometidos

Breanna é uma intrometida. Ela só estava esperando a oportunidade de se meter na conversa e falar. Essas pessoas estão prontas para dar um palpite a qualquer momento. Elas ficam de orelha em pé, esperando apenas você fazer uma pausa para completar sua frase. Não é que prestem atenção no que você diz. Elas se concentram em tentar adivinhar o que você vai dizer e no que elas querem responder.

Os indiferentes

Caitlyn é uma indiferente clássica. Mesmo que não diga isso com todas as letras, sua linguagem corporal e seu comportamento indicaram para o dr. Porter que ela não estava nem um pouco interessada no que ele dizia. Essas pessoas permanecem distantes e demonstram pouca emoção enquanto escutam. Elas não parecem se importar nem um pouco com nada do que você diz.

Os combativos

Ficou bem claro que Danny era um combativo. Hostil e grosseiro, o ouvinte combativo não escuta para compreender. Ele escuta para coletar munição para usar contra você. Essas pessoas estão armadas e prontas para a guerra. Elas gostam de discordar e culpar os outros.

Os terapeutas

Gene é um terapeuta. É provável que ele não tenha a menor ideia de que o próprio estilo de escuta é ineficiente. Essas pessoas se colocam sempre no papel de conselheiro ou terapeuta, prontas para oferecer respostas que ninguém pediu. Elas acham que são ótimas ouvintes e adoram ajudar. Vivem no modo analisar-o--que-o-outro-fala-e-resolver-o-problema.

Os engajados

Por fim, Anna é exemplo de um ouvinte engajado. Essas pessoas escutam com uma atenção consciente. Escutam com os olhos, os ouvidos e o coração e tentam se colocar no lugar do falante. Isso é a escuta no seu auge. As habilidades delas como ouvintes incentivam você a continuar falando, descobrir suas soluções e deixar suas ideias se desenvolverem.

> Ninguém consegue ser um ouvinte
> engajado o tempo todo.

Você consegue me escutar agora?

Embora a comunicação com vários desses tipos seja desafiadora, existem algumas coisas que você pode fazer para tentar se conectar com eles. Aqui vão algumas dicas de como falar com cada um:

Os distraídos

Caso você esteja conversando com um ouvinte distraído, tente perguntar "Agora é um bom momento para conversarmos?" ou dizer "Preciso da sua atenção total por um instantinho". Comece com uma frase que chame a atenção, seja breve e vá direto ao ponto, porque eles não conseguem se concentrar em uma coisa só por muito tempo.

Os de corpo presente

Caso esteja conversando com um de corpo presente, pergunte de vez em quando se ele entendeu o que você está falando. Assim como o caso dos distraídos, comece com uma frase que chame a atenção. Seja sucinto e direto, porque eles também não conseguem se concentrar em uma coisa só por muito tempo.

Os intrometidos

Caso você esteja conversando com um intrometido, quando ele mudar de assunto, pare imediatamente e deixe-o falar, senão você nunca conseguirá ser ouvido. Quando ele acabar, você pode comentar o que foi dito e continuar com "Como eu estava falando...", destacando a interrupção dele.

Os indiferentes

Caso você esteja conversando com um indiferente, dramatize suas ideias e faça perguntas ao ouvinte para manter seu interesse.

Os combativos

Caso esteja conversando com um combativo, quando ele discordar ou apontar o dedo para você, foque no futuro, não no passado. Fale que vocês podem concordar em discordar ou o que pode ser feito de forma diferente na próxima oportunidade.

Os terapeutas

Caso você esteja conversando com um terapeuta, talvez seja interessante começar dizendo "Só preciso desabafar uma coisa com você. Não quero conselhos".

Os engajados

Caso você esteja conversando com um engajado, reconheça a atenção que ele oferece. Agradeça pelo interesse que demonstra por você e pelo seu assunto.

E se for *você*?

Talvez você tenha se reconhecido em um ou mais tipos. Não precisa se preocupar! Ninguém consegue ser um engajado o tempo todo. Aqui vão algumas dicas do que fazer caso você se enquadre em um dos tipos menos eficientes de ouvinte:

Os distraídos

Caso você seja um ouvinte distraído, deixe de lado o que está fazendo quando alguém quiser conversar.

Os de corpo presente

Caso você seja um de corpo presente, comporte-se como um bom ouvinte. Permaneça alerta, faça contato visual, se incline para a frente e demonstre interesse fazendo perguntas.

Os intrometidos

Caso você seja um intrometido, peça desculpas sempre que perceber que interrompeu o outro. Isso vai ajudar você a ter mais consciência do que faz.

Os indiferentes

Caso você seja um indiferente, concentre-se na mensagem completa, não apenas na verbal. Escute com os olhos, os ouvidos e o coração. Preste atenção na linguagem corporal e tente compreender por que essa pessoa quer conversar com você sobre determinado assunto.

Os combativos

Caso você seja um combativo, coloque-se no lugar do falante e compreenda, aceite e encontre mérito no ponto de vista da outra pessoa.

Os terapeutas

Caso você seja um terapeuta, relaxe e compreenda que nem todo mundo está buscando uma resposta, uma solução ou um conselho. Algumas pessoas só querem desabafar com outras pessoas porque isso as ajuda a enxergar as respostas com mais clareza.

Os engajados

Caso você seja um engajado, continue assim. As pessoas gostam de verdade dessa sua qualidade.

Como mencionamos, ninguém consegue ser um ouvinte envolvido o tempo todo. Na verdade, todos nós alternamos entre prestar atenção no que é dito, ser seletivo com nosso foco e nos distrair. Aqui vai uma demonstração visual:

HABILIDADES DE ESCUTA

Atenção
Seletividade
Distração
Tempo

O tempo que passamos sendo atentos, seletivos e distraídos pode variar de acordo com muitos fatores. Falaremos sobre vários deles em outros capítulos.

O tempo que passamos sendo atentos, seletivos e distraídos pode variar.

Dois tipos de distração

De acordo com Daniel Goleman, autor de *Foco: a atenção e seu papel fundamental para o sucesso*, existem dois tipos de distração: as *sensoriais* (coisas que acontecem ao seu redor) e as *emocionais* (seu diálogo interior, pensamentos sobre coisas que acontecem na sua vida).

Quando você escuta alguém falar e percebe que sua mente está divagando, pode parar e se perguntar: "O que está me distraindo? É uma distração sensorial ou emocional?" Ao identificar que está distraído, você pode mudar seu foco (usando a ideia dos filtros, mencionada no Capítulo 1) para se tornar mais seletivo com a sua atenção. Talvez você pense: "Esse barulho de algo apitando é irritante, então prefiro me concentrar no que ela está dizendo." Ou: "Minha mente fica voltando para a discussão que tive com meu chefe hoje à tarde. Preciso me concentrar no que ele está me contando sobre seu dia."

Neste capítulo, falamos sobre os sete tipos diferentes de ouvinte e aprendemos algumas dicas para nos comunicarmos com eles e não nos comportarmos da mesma forma. No Capítulo 3, vamos aprender os quatro tipos de escuta.

3

Os quatro tipos de escuta

A maioria das pessoas não escuta com a intenção de compreender; escuta com a intenção de responder.
— STEPHEN R. COVEY

Quando um homem que tinha problemas no casamento pediu um conselho, o Mestre disse:
— Aprenda a escutar sua esposa.

O homem seguiu o conselho e voltou após um mês, dizendo que havia aprendido a escutar todas as palavras que a esposa dizia.

O Mestre disse com um sorriso:
— Agora vá para casa e escute todas as palavras que sua esposa *não* diz.

Todos nós já fizemos isso em algum momento, não prestar atenção de verdade em alguém. Talvez você estivesse distraído com outra coisa. Talvez não estivesse interessado no assunto. Ou talvez tenha pensado que prestava atenção, quando não era o caso. Neste capítulo falaremos sobre os quatro tipos de escuta. São eles: *fingir que escuta, escutar para preparar uma resposta, escutar para aprender* e *escutar por empatia*. É claro que essa não é uma lista definitiva de tipos de escuta. Uma busca rápida pela internet revela várias outras classificações e descrições. Mas esses quatro tipos englobam todas elas.

Para compreender melhor os tipos, vamos vê-los por meio de exemplos. Os pensamentos do ouvinte aparecem entre parênteses, acompanhando o diálogo.

O sermão de Leah

Leah é como muitas garotas de 16 anos. Ela não mantém o quarto tão arrumado quanto deveria. Um dia, seu pai entra e começa a passar um sermão sobre os benefícios da limpeza:

– Leah, quantas vezes eu já disse para você não deixar comida e pratos sujos no seu quarto? Não se lembra do ano passado, quando tivemos aquela infestação de formigas? A gente precisou dedetizar a casa inteira! Eu paguei uma grana...

– Desculpa, pai.

(Agora que eu pedi desculpas, talvez ele pare de falar... Não... ele não parou. Já sei o que ele vai dizer, então nem vou prestar atenção.)

– E aí, depois da dedetização, tivemos que lavar todos os pratos da casa...

(O que será que a Breanna está fazendo? Aposto que ela me mandou mensagem. Eu queria que meu pai parasse de falar para eu poder olhar o celular. Ele não cala a boca!)

– Então é por isso que eu sempre peço para você não deixar comida nem pratos no quarto.

Nessa cena, o tipo de escuta de Leah se chama *fingir que escuta*. Também pode ser chamado de *escuta falsa*, que ocorre quando o ouvinte passa a impressão de que presta atenção, mas, na verdade, está sonhando acordado ou pensando em outra coisa.

As pessoas tendem a ter esse tipo de "escuta" quando estão entediadas ou não querem ouvir o que a outra pessoa diz. Há momentos em que não é aceitável dizer "Não estou prestando atenção em você". Uma diferença de poder, como a existente entre pai e filha, pode criar esse tipo de circunstância.

Fingir que escuta ocorre quando o ouvinte passa a impressão de que presta atenção, mas, na verdade, está sonhando acordado ou pensando em outra coisa.

Terry e a bronca

A gerente de Terry, Carol, entra na sala dela pouco antes do almoço e pergunta sobre um relatório de vendas que ela está terminando. Terry recebeu alguns dados errados e precisa revisar o relatório antes de enviá-lo para o gerente regional de vendas.

– Por que você ainda não mandou o relatório para o Brian? Vi que os dados chegaram há duas horas.

(Ainda não mandei porque não quero apresentar valores de venda errados. Na última vez que fiz isso, você passou meia hora gritando comigo.)

– Não entendo por que tanto atraso. O Brian só vai estar no escritório hoje, e esse projeto tem um prazo apertado. Ele precisa ter tempo suficiente para ler tudo e tirar dúvidas antes de pegar o voo hoje à noite.

(Será que eu deveria contar a ela sobre os valores errados? Isso aliviaria a minha barra, mas pode ser que ela fique nervosa e queira revisar o relatório todo junto comigo. Talvez seja melhor só mudar o que for necessário e entregar tudo para ela antes do almoço.)

– Desculpe, Carol. Só estou revisando o relatório. Vou imprimir e deixar na sua mesa antes do almoço.

Aqui, Terry faz algo chamado *escutar para preparar uma resposta*. Isso acontece quando você só escuta o que é dito para conseguir se explicar ou se defender. Apesar de escutar parcialmente a conversa, você filtra tudo que seja inútil para a sua resposta.

Escutar para preparar uma resposta acontece quando você só escuta o que é dito para conseguir se explicar ou se defender.

Sophia no espanhol

Sophia estava esperando para fazer espanhol desde que a irmã havia lhe dado o curso de presente de aniversário. Ela pretende viajar para o México no próximo verão e quer aprender o idioma antes.

No primeiro dia de aula, Sophia senta na frente da sala e pega o caderno. O professor, Rogelio, entra.

– *Hola, mi nombre es Rogelio* – diz ele. – Isso significa "Olá, meu nome é Rogelio" em espanhol.

Lucy anota tudo. "*Hola* significa 'olá'. *Mi nombre* significa 'meu nome'."

– Agora vamos aprender a dizer "bom dia", "boa tarde" e "boa noite". *Buenos días. Buenas tardes. Buenas noches.*

Sophia continua anotando e pensa: "É melhor eu prestar bastante atenção na aula se quiser aprender espanhol até minhas férias de verão."

Sophia faz algo chamado *escutar para aprender*. É um tipo de escuta altamente seletivo. Ela não presta atenção para entender como Rogelio se sente ou para se colocar na situação dele. Ela escuta para reunir informações.

Escutar para aprender é filtrar seletivamente tudo que não seja a informação desejada.

Casey, a atenciosa

Casey é diretora de recursos humanos de uma produtora de vídeos. Chegou a hora das avaliações de desempenho, a época de que ela menos gosta no ano. Um por um, ela chama os funcionários para sua sala e oferece feedback sobre o trabalho deles.

O primeiro da lista é Marcus. Seus colegas disseram para Casey que ele tem o hábito de tirar sonecas no cubículo à tarde.

– Oi, Marcus, entre. Pode se sentar.

Ele parece um pouco nervoso.

– Obrigado, Casey.

– Então, me conte o que está acontecendo. Fiquei sabendo que você anda um pouco cansado.

(Na verdade, ele parece exausto!)

– Pois é, as coisas andam complicadas. O carro da minha esposa quebrou, e estamos dividindo o meu. Ela precisa deixar as crianças na creche e na escola antes de ir trabalhar, e o escritório dela fica a 30 quilômetros da nossa casa. Então deixo meu carro com ela. Quer dizer, só estou cumprindo meu papel de marido, né?

(Ele parece ser um cara muito legal...)

– Então, enfim, a nossa casa fica a 15 quilômetros daqui, e preciso andar 5 quilômetros até o ponto de ônibus, que fica na

Sixth Street. Mas tenho que sair às 4h30 para chegar ao escritório na hora. Então, às 15h, já estou morto de cansaço.

(Que coisa horrível! Mesmo assim, ele quase nunca se atrasa para o trabalho. Será que podemos ajudar de alguma forma?)

– Você sabia que o Kevin é quase seu vizinho? Talvez ele possa lhe dar uma carona.

(Ele ficou empolgado com a ideia.)

– Ah, nossa, seria ótimo! Eu nem imaginava. Vou falar com ele durante o almoço. Muito obrigado!

O que Casey faz aqui é *escutar por empatia*, também conhecido como *escutar por inteiro*. Significa tentar compreender a pessoa, sua personalidade, seus significados e as motivações reais e implícitas.

Escutar por empatia é buscar compreender a pessoa por inteiro.

Este capítulo explicou brevemente os quatro tipos de escuta e conclui a primeira parte do livro, Fatores do receptor. Porém, antes de seguirmos para a segunda parte, Fatores do emissor, vamos aplicar o que foi aprendido em uma seção chamada *Meu registro de escuta*. Nela você terá a oportunidade de interagir com as ideias apresentadas nos três primeiros capítulos. Recomendamos que use um diário ou um caderno para acompanhar seu progresso enquanto aprende a se tornar um ouvinte melhor.

MEU REGISTRO DE ESCUTA, PARTE 1

Enquadramentos

O enquadramento é a sua compreensão abrangente de determinado assunto ou situação.

1. Em um papel ou diário, escreva alguns dos enquadramentos que você aprendeu referentes à escuta. Aqui vão alguns exemplos:
   Crianças sempre devem ser comportadas.
   Todo mundo precisa ouvir mais e falar menos.
   Na minha família, você precisa gritar para ser ouvido.
   Ninguém me escuta mesmo, então nem adianta tentar.
   Eu só falo besteira.

2. Quais parcialidades seus enquadramentos causam? Você, ou alguém na sua vida, tem um enquadramento inconsciente que atrapalha a comunicação eficiente? Liste essas parcialidades.

3. Na sua opinião, de que maneira gênero, educação, religião, etnia e fatores semelhantes afetam o modo como alguém escuta?

Filtros

Filtro é uma escolha consciente de se concentrar mais em uma coisa do que em outra.

Pense nos filtros que você usa ao escutar as pessoas listadas abaixo. Em quais informações você se concentra ao se comunicar com a pessoa e o que ignora?

1. Seus pais
2. Seu parceiro amoroso
3. Seus filhos
4. Seu chefe
5. Clientes
6. Seu melhor amigo

Agora mude um pouco o filtro. Quais são outros fatores inusitados ou diferentes em que você poderia prestar atenção ao se comunicar com essas pessoas? Exemplo: encarar seus pais como pessoas exercendo o papel de marido e esposa um do outro.

1. Seus pais
2. Seu parceiro amoroso
3. Seus filhos
4. Seu chefe
5. Clientes
6. Seu melhor amigo

Controle emocional

Descreva uma ocasião em que você poderia ter controlado mais as emoções durante um conflito.

Em seguida, aplique os seis passos para identificar o que você poderia ter feito de forma diferente.

1. Afaste-se da situação e se concentre nas emoções da outra pessoa.
2. Tente encontrar a fonte das emoções. Ela é resultado de enquadramentos ou de filtros diferentes?
3. Fale abertamente sobre sentimentos.
4. Expresse os próprios sentimentos de forma não combativa.
5. Reconheça que os sentimentos da outra pessoa são válidos.
6. Caso necessário, saia do cômodo.

Os sete tipos de ouvinte

Identifique as pessoas na sua vida que representam os sete tipos de ouvinte.

Os distraídos
Os de corpo presente
Os intrometidos
Os indiferentes
Os combativos
Os terapeutas
Os engajados

Identifique os momentos em que *você* foi cada um desses sete tipos.

Dois tipos de distração

Descreva uma ocasião em que você estava escutando e sua mente se desconcentrou. Foi uma distração sensorial ou emocional? Tente pensar em exemplos de cada uma delas.

Quatro tipos de escuta

Para cada um dos quatro tipos, identifique alguém na sua vida que os apresenta com frequência.

Fingir que escuta
Escutar para preparar uma resposta
Escutar para aprender
Escutar por empatia

Agora, para cada um dos quatro tipos, identifique uma ocasião em que *você* apresentou esse tipo de escuta.

A arte da conversa se resume a escutar.
– Malcolm Forbes

PARTE DOIS

Fatores do emissor

4

Filtros e enquadramentos do emissor

É importante ser preciso quanto às palavras, por seu valor intelectual. Elas enquadram e moldam boa parte da nossa compreensão sobre as coisas.
– Michael Nesmith

Primeiro enquadramento

Era uma vez uma garotinha que morava com a mãe nos limites de uma grande floresta. Ela sempre usava chapéu e capa vermelhos e por isso era chamada de Chapeuzinho Vermelho.

Um dia, a mãe de Chapeuzinho Vermelho entregou a ela uma cesta e pediu que atravessasse a floresta para visitar a avó doente.

– Não fale com estranhos – alertou a mulher.

No caminho para a casa da avó, Chapeuzinho Vermelho encontrou o Lobo Mau.

– Aonde você está indo, garotinha? – perguntou ele com um sorriso enorme.

– Visitar a minha avó do outro lado da floresta – respondeu Chapeuzinho Vermelho, que tinha se esquecido do alerta da mãe.

O lobo saiu correndo, pegando um atalho para a casa da avó. Ao chegar lá, ele entrou e engoliu a avó inteira! Depois colocou o gorro e a camisola dela e se deitou na cama.

Quando Chapeuzinho Vermelho chegou, foi direto para a cama.

– Vovó, que orelhas grandes você tem!

– É para escutar você melhor, minha querida – explicou o lobo.
– E que olhos grandes você tem!
– É para ver você melhor, minha querida.
– E que dentes enormes você tem!
– É para comer você melhor! – disse o lobo, pulando da cama e correndo atrás de Chapeuzinho Vermelho.

Um lenhador que cortava madeira ali perto ouviu os gritos de Chapeuzinho Vermelho. Ele entrou na casa e acertou a cabeça do lobo com o machado. O lobo caiu no chão e cuspiu a avó, sã e salva.

Depois disso, o lenhador, Chapeuzinho Vermelho e a avó tomaram chá e comeram bolo juntos.

Segundo enquadramento

Era uma vez um lobo bondoso que morava nos limites de uma grande floresta. Por ter uma aparência muito assustadora, ele não tinha amigos. As criaturas da floresta o chamavam de Lobo Mau. Mas ele não era mau, só era tímido.

Mais abaixo do riacho que corria perto da casa do lobo, uma garotinha vivia com a mãe. Ela sempre usava chapéu e capa vermelhos e por isso era chamada de Chapeuzinho Vermelho.

Apesar de a mãe ser uma mulher muito boa, a menina tinha uma avó malvada, que morava do outro lado da floresta. O lobo ouvira falar que ela pretendia matar Chapeuzinho Vermelho da próxima vez que a neta fizesse uma visita.

Um dia, a mãe de Chapeuzinho Vermelho entregou a ela uma cesta e pediu que atravessasse a floresta para visitar a avó doente.

– Mesmo que ela seja malvada, temos que tratá-la bem, porque ela faz parte da família – disse a mulher.

No caminho para a casa da avó, Chapeuzinho Vermelho encontrou o Lobo Mau.

– Aonde você está indo, garotinha? – perguntou ele com um sorriso enorme.

– Visitar a minha avó do outro lado da floresta – disse Chapeuzinho Vermelho.

Preocupado com a segurança da menina, o lobo saiu correndo, pegando um atalho para a casa da avó. Ao chegar lá, entrou e engoliu a avó inteira! Depois, colocou o gorro e a camisola dela e se deitou na cama.

Quando Chapeuzinho Vermelho chegou, foi direto para a cama.

– Vovó, que orelhas grandes você tem!

– É para escutar você melhor, minha querida.

– E que olhos grandes você tem!

– É para ver você melhor, minha querida.

– E que dentes enormes você tem!

– É para comer melhor! – disse o lobo, pulando da cama para tomar chá e comer bolo, agora que tinha salvado Chapeuzinho Vermelho da avó malvada.

Chapeuzinho Vermelho não sabia que o lobo a salvara da morte pelas mãos de sua avó malvada, então gritou e saiu correndo.

Um lenhador que cortava madeira ali perto ouviu os gritos de Chapeuzinho Vermelho. Ele entrou na casa e acertou a cabeça do lobo com o machado. O lobo caiu no chão e cuspiu a avó. Ela estava tão furiosa que pegou o machado e matou todo mundo, depois tomou o chá e comeu o bolo sozinha.

As duas histórias, escritas sob enquadramentos diferentes, ilustram com perfeição a ideia de que os enquadramentos atribuídos ao emissor podem influenciar as percepções do ouvinte.

Em ambas as versões, os fatos são idênticos, pelo menos no começo. Chapeuzinho Vermelho atravessa a floresta com sua cesta a caminho da casa da avó e conhece o lobo no trajeto. O lobo chega primeiro à casa, devora a avó e é golpeado na cabeça pelo lenhador enquanto persegue Chapeuzinho Vermelho.

O significado da história varia dependendo das informações adicionais que recebemos. Na primeira versão, o lobo é apresentado como vilão: ele devora uma avó idosa e persegue Chapeuzinho Vermelho. Na segunda, o leitor fica sabendo de um fato que não é apresentado na primeira: a avó é malvada! O lobo quer *salvar* Chapeuzinho Vermelho, não devorá-la! Essa leve mudança de enquadramento confere um significado completamente diferente aos fatos.

Os enquadramentos atribuídos ao emissor influenciam o ouvinte

A mesma coisa acontece todos os dias, o dia inteiro, em conversas. A maioria dos emissores não tenta enquadrar os fatos para influenciar o ouvinte de forma *intencional* – apesar de fazer isso com frequência. (Uma área em que isso acontece com alguma frequência é o setor de noticiários televisivos.)

Em 1993, o pesquisador Robert Entman escreveu: "Enquadrar é selecionar alguns aspectos de uma realidade observada e destacá-los na comunicação, de forma a promover uma definição específica de um problema, uma interpretação causal, avaliação moral e/ou recomendação de tratamento." Em outras palavras, enquadrar é pegar uma parte da história e transmiti-la dando ênfase a um aspecto, e não a outro, para fundamentar sua argumentação.

Todos já vimos isso acontecer. Um canal mostra um candidato político com boa aparência e beijando bebês. Outro mostra o mesmo candidato exibindo uma carranca e berrando com alguém. Um enquadramento mostra uma visão positiva do candidato; o outro mostra uma negativa. O mesmo candidato, imagens diferentes, dependendo de como a informação é apresentada.

A linguista Deborah Tannen passou a carreira estudando e escrevendo sobre diferenças em estilos de comunicação e os fatores que influenciam a forma como falamos e ouvimos as coisas. Em seu livro *Talking from 9 to 5: Women and Men at Work* (Falando de 9 às 5: mulheres e homens no trabalho), ela afirma que "a forma como nos comunicamos é influenciada por cada aspecto das nossas comunidades, então não existem duas mulheres nem dois homens iguais, tanto quanto não existem dois nova-iorquinos, espanhóis ou quarentões iguais. Mas a compreensão dos padrões de influência no nosso estilo é fundamental para entender o que acontece conosco durante conversas – e ao longo da vida".

Por exemplo, se você encontrar um conhecido na rua, é provável que pergunte "Tudo bem?", converse um pouco e siga seu caminho. A maioria de nós nunca reflete de verdade sobre como essas interações são moldadas por fatores como gênero, cultura, idioma e idade. Um estadunidense provavelmente estenderia a mão para cumprimentar a outra pessoa, enquanto um japonês faria uma reverência. Duas mulheres podem trocar dois beijinhos ou um abraço, e isso seria socialmente aceitável. A mesma atitude por parte de dois homens pode ser vista de outra forma, dependendo do país em que estejam.

Pessoas em circunstâncias semelhantes – gênero, educação, idade, país de origem, etc. – tendem a ter enquadramentos parecidos.

A conversa-sanduíche

Aqui vai um exemplo de como as semelhanças e diferenças entre emissor e receptor podem afetar suas interações.

Mike e Mary completaram seus relatórios trimestrais do trabalho. O chefe deles, Don, quer que os dois façam algumas revisões nos documentos apresentados. Primeiro, ele chama Mary para conversar.

Por ser um comunicador muito objetivo, ele vai direto ao ponto:

– Mary, sobre o relatório. Preciso dos valores do mês passado na página 11. E você usou uma fonte muito pequena. Mude para uma maior. Tudo bem? E quero receber o arquivo revisado até sexta-feira.

Mary sai do escritório aos prantos, pensando: *Mas que idiota. Ele só criticou o relatório. Sempre fico com a impressão de que ele me persegue. Ele nem viu os links para os relatórios mensais de vendas. E a fonte não é muito pequena. Todo mundo conseguiu ler direitinho!*

Don percebe que Mary ficou chateada com os comentários. Não quer ser visto como um chefe maldoso, então muda de tática quando Mike entra:

– Mike, oi, sente-se. Então, em primeiro lugar, *muito* obrigado por entregar o relatório dentro do prazo. Você nem imagina como a gerência está me pressionando para apresentar os dados. Gostei do relatório, mas acho que mudaria algumas coisas. Seria ótimo se você tivesse incluído os valores do mês passado na página 11. E talvez fosse melhor usar uma fonte maior. Mas, no geral, você fez um ótimo trabalho.

Mike sai da sala pensando: *Nossa, fiz um bom relatório! Don sugeriu algumas mudanças para a próxima vez, mas disse que o trabalho estava bom.* Mike não ouviu que precisava fazer as alterações, então não mudará nada.

Sexta-feira chega, e nem Mary nem Mike entregam os documentos revisados. Mary não entrega porque ficou tão desnorteada com as críticas de Don que parou de ouvir. Mike, porque Don não foi direto o suficiente para declarar que realmente esperava que ele fizesse as alterações. Mike só ouviu: "Obrigado pelo relatório, ficou ótimo, blá-blá-blá, bom trabalho."

E, agora, Don está irritado porque nenhum dos dois fez o que ele achava que tinha pedido. Ele começa a colocar a culpa na personalidade deles. "Mary é sensível demais! E Mike, bom, ele é preguiçoso e arrogante."

Algo que começou como uma simples falha na comunicação agora explode em um problema grave no ambiente de trabalho.

A questão é que Don não adequou seu estilo de comunicação à pessoa com quem falava. Apesar de ele ser naturalmente direto (com base no seu gênero, nas suas circunstâncias e no seu estilo pessoal), isso não bate com o estilo indireto de Mary.

Caso ele tivesse usado a "conversa-sanduíche" com Mary – oferecer um elogio, uma crítica e depois um elogio, como fez com Mike –, ela provavelmente conseguiria ouvir e compreender as críticas.

Da mesma forma, como Mike também é um comunicador direto, Don precisava ir direto ao ponto, como fez com Mary: "Eu preciso de tal coisa em tal dia."

Como escutar enquadramentos

Obviamente, este livro nos ensina a escutar, não a falar. E, apesar de as duas coisas estarem interconectadas, a perspectiva do livro é a do ouvinte.

Então como um ouvinte pode se tornar mais eficiente, independentemente de quem estiver falando? Um recurso é tentar identificar o enquadramento e outros fatores que afetam a maneira como o falante se comunica.

Por exemplo, no caso anterior, Mary partiu do princípio de que o problema estava nas intenções de Don. Como ele só mencionou as partes do relatório que precisavam ser alteradas, ela interpretou os comentários como críticas e o classificou como um "idiota" que a perseguia.

Em vez disso, Mary podia ter se afastado da situação e questionado: "Que outro enquadramento posso usar nesta situação? Estou partindo do princípio de que Don é um idiota que gosta de criticar os outros. Mas, se isso não for verdade, que outra interpretação eu poderia ter?" Isso mudaria seu enquadramento, e talvez ela conseguisse escutar o que Don tentava dizer.

Da mesma forma, apesar de Mike ficar feliz com o feedback recebido, ele poderia ter se afastado da situação e se perguntado: "Existe outra maneira de interpretar os comentários de Don? Será que ele queria que eu mudasse alguma coisa?"

Como você pode treinar para sair do seu enquadramento e ver as coisas sob outra perspectiva? Uma forma é a chamada técnica ACES para tomar decisões.

ACES é o caminho

Desenvolvida pelo dr. Larry Pate na década de 1980, a técnica ACES é um método de quatro etapas que desafia o enquadramento sob o qual uma pessoa encara um problema, permitindo que ela tenha uma visão diferente da situação.

ACES é a sigla em inglês para suposições, critérios, elementos evocados e procura. *Suposições* são exatamente isso – as suposições que a pessoa faz sobre o problema. ("Don está se comportando como um idiota.") *Critérios* podem ser descritos como

"O que eu quero?" ("Quero que Don valorize o meu trabalho.") *Elementos evocados* é um termo acadêmico para as soluções que você cogita para o problema. ("Será que eu deveria reescrever o relatório inteiro?") *Procura* se refere à informação que a pessoa precisa encontrar para solucionar o problema. ("Acho melhor eu encontrar os valores das vendas do mês passado.")

Para aplicar a técnica ACES, é preciso pegar várias folhas de papel e anotar o enquadramento atual do lado esquerdo delas (suposições, critérios, elementos evocados e procura atuais) e depois aplicar um processo que permite que a pessoa reverta as suposições e os critérios e acrescente os elementos evocados. Embora uma explicação completa do processo esteja além do escopo deste capítulo, o resultado é que a pessoa acaba com uma lista de itens no papel da procura, ajudando-a a reunir mais informações. O processo exige que a pessoa pergunte: "Sob quais condições o oposto da minha suposição seria verdadeiro?"

Assim, quando Mary supõe que Don é um idiota que gosta de criticar os outros, o oposto dessa suposição seria que Don NÃO é um idiota que gosta de criticar os outros. Ela então se perguntaria: "Sob quais condições Don NÃO seria um idiota que gosta de criticar os outros?" O questionamento ajuda Mary a se afastar da situação e pensar com um pouco mais de clareza. "Bom, talvez ele não tenha falado da melhor forma... Talvez estivesse tentando me ajudar a melhorar o relatório." Isso não quer dizer que a suposição esteja errada em todos os casos – talvez Don seja MESMO um idiota que gosta de criticar os outros. Mas questionar "Sob quais condições o oposto da minha suposição seria verdadeiro?" permite que o ouvinte reenquadre a situação.

No caso de Mike e Mary, o reenquadramento da situação poderia ter estimulado os dois a voltar à sala de Don para perguntar: "Você precisa mesmo que eu faça as alterações ou só sugeriu mudanças para melhorar o próximo trabalho?"

Quando uma pessoa identifica ativamente seu enquadramento e depois observa suas suposições sobre a outra pessoa, é possível que ela consiga entender a intenção do falante ao transmitir a mensagem.

Aqui vai uma ilustração de como uma comunicação eficiente depende do alinhamento dos filtros e enquadramentos do emissor com os do receptor.

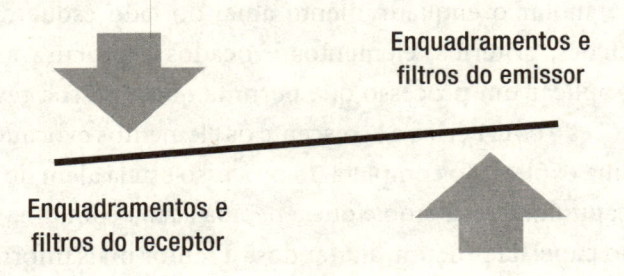

Enquadramentos e filtros do emissor

Enquadramentos e filtros do receptor

Neste capítulo, falamos de alguns dos fatores que afetam a eficácia do emissor ao transmitir uma mensagem. O Capítulo 5 observa outros fatores, como a mensagem em si e o ambiente em que a comunicação ocorre.

É necessário grandeza para ser um bom ouvinte.
– CALVIN COOLIDGE

5

Fatores de codificação

O maior problema da comunicação é a ilusão de que ela aconteceu.
– GEORGE BERNARD SHAW

São quatro horas da manhã, e o telefone toca.
– Quem está ligando a esta hora? – resmunga Janet, girando na cama e pegando o telefone. – Alô?
– Sra. Vasquez? Aqui é o sargento Hollister, da delegacia de polícia. Infelizmente, tenho más notícias...
Janet se senta.
– O que houve?
– É a sua filha. Houve um acidente. Recebemos uma ligação às 2h30 sobre um carro no acostamento da estrada...
A cabeça de Janet está a mil. *Aconteceu alguma coisa? Ela morreu?*
– Quando um policial chegou ao local, identificou a placa.
DESEMBUCHA! Diz logo o que aconteceu com a minha filha! Ela está bem? Não acredito que isso esteja acontecendo. Eu sabia que a gente não devia ter comprado um carro para ela. Ai, meu Deus. Minha menina. NÃO! NÃO!!
– Felizmente, sra. Vasquez, sua filha não se machucou. Mas estava embriagada e foi presa.
Tomada pela emoção, Janet mal consegue compreender o

que escuta. *Embriagada? Presa? O quê? Graças a Deus ela está bem.* Janet respira fundo de alívio e, com os olhos cheios de lágrimas, diz:

– Muito obrigada, sargento. Estou a caminho da delegacia.

A codificação da mensagem

Essa história ilustra alguns dos desafios que enfrentamos ao ouvir mensagens. Qualquer mensagem que escutamos, lemos ou recebemos passou antes por algum tipo de codificação.

Codificação significa traduzir a informação em símbolos que representam ideias ou conceitos. Os símbolos podem assumir muitas formas, como palavras ou gestos.

Ao codificar uma mensagem, o emissor decide quais elementos quer transmitir. Na história, o sargento Hollister precisa escolher quais informações comunicar a Janet. Ele quer que ela saiba que a filha foi presa por dirigir embriagada.

Novamente, como vimos no capítulo anterior, os enquadramentos e filtros atribuídos ao emissor influenciam o processo. O sargento Hollister é policial. Seu estilo de comunicação natural é muito detalhista, e ele tende a oferecer muitas informações. Isso vem da necessidade de preencher relatórios policiais.

Como ele encara a conversa sob esse enquadramento, filtra as informações e se concentra em *todos* os eventos, não apenas na questão essencial que Janet quer saber: a filha morreu?

Ao codificar mensagens, é importante que o emissor use símbolos conhecidos pelo receptor. Nesse caso, tanto o sargento Hollister como Janet usam a comunicação verbal (e não linguagem de sinais nem escrita) e falam o mesmo idioma, então há boas chances de que consigam se entender. A situação seria muito diferente se o sargento Hollister e Janet falassem idiomas diferentes.

No caso em questão, o sargento Hollister codificou a mensagem com informações irrelevantes, que fizeram com que Janet tivesse mais dificuldade para escutar. Uma boa forma de o emissor codificar a mensagem é visualizar mentalmente a comunicação sob o ponto de vista do receptor. Em outras palavras, o sargento Hollister deveria ter imaginado como se sentiria se *ele* recebesse uma ligação às quatro da manhã com uma mensagem difícil sobre sua filha adolescente. Se tivesse feito isso, poderia ter codificado a mensagem de forma diferente:

– Sra. Vasquez? Aqui é o sargento Hollister, da delegacia de polícia. Infelizmente, tenho más notícias...
Janet se senta.
– O que houve?
– É a sua filha. *Ela não se machucou, mas* houve um acidente. Recebemos uma ligação às 2h30 sobre um carro no acostamento da estrada...

Se o sargento Hollister tivesse codificado a mensagem de forma que Janet recebesse a informação que *ela* precisava ouvir – que a filha estava bem –, a mãe o teria escutado com mais facilidade.

O sucesso da codificação depende em parte da capacidade de transmitir informações com clareza e simplicidade, em parte da capacidade de antecipar e eliminar fontes de confusão (por exemplo, questões culturais, suposições errôneas e falta de informações). Uma parte essencial do processo é conhecer o público-alvo.

Se você não compreender com quem está falando, as mensagens que transmitir não serão entendidas.

Relacionamentos fazem diferença

Um fator fundamental que influencia como codificamos mensagens é o relacionamento que temos com o ouvinte. É natural que você codifique uma mensagem de formas diferentes quando vai transmiti-la ao seu chefe, ao seu melhor amigo ou à sua filha.

Aqui vão alguns exemplos de como uma mensagem é codificada de maneiras diferentes, dependendo de quem vai ouvi-la.

Carrie pede demissão

Carrie está muito insatisfeita no trabalho e cogita pedir demissão. A seguir estão suas maneiras de transmitir essa mensagem para pessoas diferentes, usando palavras que refletem as preocupações que cada ouvinte pode ter:

Para a melhor amiga: "Ai, meu Deus, Pam, estou de saco cheio do meu trabalho. Meu chefe vive me diminuindo, meus colegas são irritantes e *não* recebo o suficiente para ter que lidar com a falta de educação dos clientes que ligam para lá. Estou com vontade de chegar um dia e avisar ao meu chefe que nunca mais vou aparecer."

Para o marido: "Tive outro dia péssimo no trabalho. O Mike jogou a culpa de um problema em mim durante uma reunião, a Diane passou o dia inteiro fofocando no telefone, e recebi uma ligação de um cliente mal-educado que quase me fez chorar. Não estou nem um pouco feliz com esse emprego. Talvez seja melhor procurar outra coisa. O que você acha?"

Para a filha: "Oi, querida. A mamãe quer conversar com você sobre um assunto. Lembra no ano passado, quando a sra. Hoyt era sua professora e implicava com você, e as outras crianças também? Lembra que a gente trocou você de turma e tudo melhorou? Então, às vezes acontece a mesma coisa com os adultos. Acho que você escuta o papai e eu conversando sobre o meu trabalho. Bom, estou pensando em procurar um emprego diferente, que me deixe mais feliz. Mas não precisa se preocupar. A única diferença que isso vai fazer para você é que a sua mamãe vai ficar mais feliz."

Para o chefe: "Oi, Mike. Obrigada por conversar comigo. Eu queria falar sobre alguns problemas que estou tendo aqui no trabalho. Sinto que não recebo o reconhecimento que mereço, e é difícil manter o foco quando alguns dos meus colegas fazem ligações pessoais durante o expediente. Além disso, podemos minimizar meu contato com clientes insatisfeitos? Sinto que o pessoal do atendimento ao consumidor tem mais treinamento para conversar com eles. Sei que já conversamos sobre essas coisas há algumas semanas, mas não senti uma melhora e, para ser sincera, estou pensando em procurar outra oportunidade."

A relação de Carrie com cada uma dessas pessoas determina a maneira como ela codifica a mensagem. Com a melhor amiga, ela é mais casual e expressa emoções com mais liberdade. Com o marido, oferece exemplos e fatos específicos para justificar suas conclusões, usando um tom mais cooperativo. Com a filha, Carrie usa termos que ajudam a menina a entender o que ela está dizendo. E, com o chefe, sua abordagem é uma tentativa de solucionar os problemas.

A mensagem é a mesma. Só está sendo codificada com palavras, tons e emoções diferentes.

Díades dissonantes

Nem todos os relacionamentos são iguais, e é nesse ponto que entram as diferenças individuais. Por exemplo, algumas mães e filhas têm uma relação mais de "amigas" ("Viu aquele cara gato?"), enquanto outras são mais tradicionais ("Você está namorando, querida?"). Quando uma parte da díade tem expectativas diferentes da outra, pode ser desafiador. (*Díade* significa "algo que consiste em duas partes".) Aqui vão alguns exemplos:

Um amigo é grudento e quer compartilhar todos os detalhes da sua vida, enquanto o outro prefere mais privacidade.

Uma mãe quer ser "amiga" da filha, mas a filha não se interessa em ouvir detalhes pessoais da vida da mãe.

Um chefe quer ser "descontraído" com a funcionária, mas a funcionária não quer que o chefe se meta em sua vida pessoal.

Dois colegas dividem um projeto e têm ideias diferentes sobre como vão fazer o trabalho. Um quer que façam tudo juntos, enquanto o outro prefere dividir as tarefas e trabalhar de forma independente.

Aqui vão alguns fatores que afetam como uma mensagem é codificada:

Fatores de codificação

DIFERENÇAS DE PODER	DIFERENÇAS CULTURAIS	DIFERENÇAS INTERPESSOAIS
• Pais/filhos • Chefe/subordinado • Figura de autoridade/seguidor	• Etnia • Nacionalidade • Idioma	• Gênero • Idade • Estilo de comunicação

O ambiente

Além dos fatores pessoais que afetam a maneira de codificar mensagens, também existem os ambientais. Incluem os óbvios, como uma sala barulhenta ou cheia de distrações, mas também coisas mais sutis, como o "clima" do local. Você já entrou em uma sala planejando dizer alguma coisa para alguém e, assim que entrou, mudou de ideia? Por que isso aconteceu? Talvez algumas pistas no ambiente tenham feito você perceber que a sua mensagem não seria ouvida da maneira que pretendia. A outra pessoa podia estar irritada, distraída ou até mesmo dormindo.

Carga do ambiente

Carga do ambiente é o termo que se refere à quantidade de estresse a que uma pessoa está sendo submetida. Em termos simples, remete a qualquer coisa nas imediações da pessoa que a faça se sentir sob pressão. Todos nós já notamos como a comunicação muda quando a pessoa está cansada, com fome, doente ou incomodada de qualquer outra maneira. Fatores de estresse incluem: tempo limitado, incerteza, complexidades e a possibilidade de consequências, tanto boas quanto ruins.

Quanto mais a carga do ambiente de uma pessoa aumenta, mais a quantidade de informação que ela precisa e deseja compartilhar é afetada. Algumas pessoas sob alta carga do ambiente se tornam extremamente decididas e só se interessam pelas informações mais básicas. Outras ficam "paralisadas" em momentos de estresse e querem analisar todas as opções possíveis. Dá para imaginar o que acontece na comunicação quando o emissor e o receptor têm estilos diferentes. No próximo capítulo, falaremos mais sobre como divergências individuais na carga do ambiente afetam a comunicação.

Tenha raiva da mensagem, não do mensageiro

Começamos este capítulo contando a história do policial que precisava dar uma notícia ruim para uma mãe. Essa não é nem de perto a única situação em que pessoas precisam transmitir uma mensagem difícil. E o teor da mensagem pode afetar a maneira como o emissor a codifica.

Boa parte das pesquisas sobre como dar notícias ruins vem da medicina. Na verdade, a Associação Americana de Medicina inclui o assunto no seu código de conduta desde 1847.

Uma pesquisa publicada no *Journal of Trauma Injury Infection and Critical Care* descreve as qualidades que parentes mais valorizam em médicos e enfermeiras que precisam dar más notícias. O estudo mostra que, da perspectiva do receptor, os quatro fatores mais importantes são (por ordem de importância):

1. A postura da pessoa que dá a notícia
2. A clareza da mensagem
3. Privacidade
4. A capacidade da pessoa de responder perguntas

Essa lista é um bom resumo de tudo que tratamos na segunda parte deste livro até o momento. A *postura da pessoa que dá a notícia* é determinada pelo enquadramento e pelo filtro que ela usa. A *clareza* da mensagem está relacionada aos fatores de codificação que acabamos de explicar. *Privacidade* se refere a fatores ambientais. E *a capacidade da pessoa de responder perguntas* tem ligação com as diferenças entre estilos de comunicação, que discutiremos no próximo capítulo.

Más notícias não são como o vinho.
Elas não melhoram com o tempo.
– COLIN POWELL

6
Diferenças entre estilos de comunicação

> *As palavras* informação *e* comunicação *costumam ser usadas de forma intercambiável, mas têm significados muito diferentes. A informação é oferecida; a comunicação é compreendida.*
> – Sidney Harris

Um oficial naval treinava um grupo de recrutas para usar um equipamento de submarino bem complicado. Em determinado momento, ele olhou para os alunos e comentou:

– Está calor aqui dentro.

Vários alunos responderam:

– Sim, senhor, está.

E voltaram ao que estavam fazendo.

O oficial apenas ficou parado e repetiu:

– Está calor aqui dentro.

Os alunos ficaram um pouco confusos. Mais uma vez, fizeram que sim com a cabeça, sem tomar nenhuma atitude.

Por fim, o oficial explicou:

– Quando eu digo "Está calor aqui dentro", não quero saber qual é a opinião de vocês nem que concordem comigo. Estou avisando que espero que resolvam o problema. Está calor aqui dentro.

Na mesma hora, a turma se apressou para esfriar o cômodo.

Os alunos ligaram ventiladores, abriram passagens de ar e voltaram para suas tarefas.[3]

Nesse exemplo, o oficial poderia ter pensado que os recrutas não estavam prestando atenção. Poderia ter se irritado ou simplesmente solucionado o problema por conta própria. Mas, como se tratava de um ambiente militar, ele ensinou aos alunos que, quando um comandante oferece uma informação, é preciso tomar uma atitude em relação a ela.

O foco deste capítulo são os elementos que determinam diferenças no estilo de comunicação das pessoas. Essas diferenças são importantes porque, caso o emissor e o receptor não se entendam, pode surgir uma barreira para a comunicação. Os recrutas no exemplo anterior não compreenderam por que o oficial ficou falando sobre a temperatura, então não escutaram que ele queria que tomassem uma atitude.

Estilos de decisão

Na base da maior parte da comunicação, como já mencionamos, está a decisão de como e quando compartilhar informações, assim como o que deve ser dito. Observar diferenças individuais no estilo de decisão pode nos ajudar a compreender como emissores e receptores captam as informações que estão sendo comunicadas.

Um sistema específico para identificar esses estilos se baseia em um modelo conceitual desenvolvido por Michael J. Driver e depois aprofundado por Driver e Kenneth Brousseau. Chamado modelo de estilo de decisões de Driver, esse sistema analisa como as pessoas tomam decisões de acordo com duas dimensões: a quantidade de informações de que dispõem e quantas alternativas a pessoa cogita em tais circunstâncias.

Uso da informação

A quantidade de informações que as pessoas usam para tomar uma decisão varia muito. Algumas precisam de poucos fatos para chegar a uma conclusão. Outras só fazem isso após reunir e analisar uma quantidade imensa de dados. As que precisam de pouco são chamadas de *satisfacientes* (ou do inglês *satisficer*). Ser *satisfaciente* significa usar algumas informações para chegar a uma decisão "boa o suficiente".

O oposto dos satisfacientes são os *maximizadores* (ou *maximizers*). Essas pessoas analisam muitas informações antes de decidir algo.

De acordo com Driver e Brousseau, "os satisfacientes sabem que existem muitas informações que podem ser levadas em consideração, e sua tendência é querer resolver logo a situação. Preferem tomar uma atitude a ficar 'analisando demais as coisas'. No outro extremo, está o modo maximizador. Os maximizadores querem ter certeza de que levaram em conta todos os fatos relevantes e que não estão ignorando nenhum detalhe importante, por mais sutil que seja. Seu objetivo é encontrar uma solução de alta qualidade ou aprender algo novo e importante".

Agora, vamos imaginar uma conversa entre um maximizador e um satisfaciente. É um casal que planeja uma viagem.

CHERYL: Querido, vamos planejar nossas férias de verão? Estou na dúvida se devemos fazer um cruzeiro ou ir para um resort com tudo incluído. E, mesmo assim, para onde iríamos? Talvez seja legal voltarmos ao Havaí. Ou, quem sabe, ir para a Europa. Vamos dar uma olhada em alguns sites de viagem. Ah, e vou fazer um post no Facebook perguntando onde meus amigos passaram as férias.

ED: Pode ser um cruzeiro. Ou um resort. Não estou com muita vontade de voltar ao Havaí. Vamos para a Europa. Escolha alguns lugares, e depois a gente conversa de novo.

Dá para perceber que Cheryl é uma maximizadora. Ela quer analisar o máximo possível de informações antes de tomar uma decisão. Ed, por outro lado, é um satisfaciente. Não está preocupado em fazer a melhor escolha. Se estiver com a família e não no trabalho, ficará feliz independentemente do lugar.

Imagine como essa conversa poderia ter dado errado. Cheryl poderia ficar irritada por Ed não querer conversar sobre todas as opções e alternativas. Poderia ter interpretado o comportamento do marido como um sinal de que ele não está empolgado com a viagem ou que não se importa com ela.

Ed poderia ter achado que Cheryl estava sendo minuciosa demais e perdendo tempo reunindo tantas informações. Ele com certeza pararia de prestar atenção enquanto ela falasse sobre todas as possibilidades, já que, do seu ponto de vista, não precisava saber de nada daquilo.

Por isso, Ed não escuta. Ela fica irritada, ele fica confuso. É por isso que compreender estilos de decisão é tão importante para uma comunicação eficiente.

Foco

Como mencionado, o modelo de estilos de decisão de Driver também usa o *foco* como uma das dimensões de como as pessoas tomam decisões. Quando se trata de foco, tendemos a nos posicionar nas extremidades de um espectro. Existem as pessoas "unifocais", que se concentram em chegar a uma solução ideal, e as pessoas "multifocais", que tendem a enxergar mais de uma solução ou opção.

Driver e Brousseau afirmam:

Tomadores de decisões unifocais tendem a ter opiniões fortes sobre como as coisas devem ser feitas. Diante de qualquer situação, eles costumam ter critérios muito rígidos em mente, como custo, qualidade ou justiça, que usam para avaliar soluções em potencial. Então encontram a resposta mais adequada a seus critérios e objetivos.

Pensadores multifocais, por outro lado, costumam usar muitos critérios para avaliar soluções em potencial. Tendem a ter muitos objetivos. Assim, enquanto uma solução pode satisfazer alguns critérios, outra pode se encaixar melhor em outros cenários. Logo, eles são mais abertos a alternativas, com um raciocínio mais condicional. Esse tipo de pensamento incomoda os tomadores de decisões unifocais. Para estes, parece que seus colegas multifocais são confusos, indecisos, não têm valores ou são simplesmente "avoados". Por outro lado, as opiniões resolutas e muito focadas das pessoas unifocais fazem com que os multifocais as considerem rígidas, limitadas, teimosas e autoritárias. Quando a tensão chega ao auge, esses adjetivos relativamente educados se transformam em palavras mais enérgicas.

Quatro estilos primários

Levando em consideração as duas dimensões, temos quatro combinações possíveis.

Maximizadores unifocais ou hierárquicos. Pessoas que tomam decisões cuidadosas e lentas, com base em muitas informações e análises. Elas querem encontrar a melhor solução para o problema.

Maximizadores multifocais ou integrativos. Essas pessoas usam muitas informações e gostam de cogitar muitas opções. Para elas, tomar decisões é um processo, não um evento singular.

Satisfacientes unifocais ou decididos. Pessoas que usam uma quantidade mínima de informações para tomar uma decisão clara.

Satisfacientes multifocais ou flexíveis. Essas pessoas têm estilos de pensamento muito fluidos. Qualquer informação pode ser interpretada de várias maneiras e apresentar várias consequências. Se o caminho que elas escolheram não estiver dando certo, mudam para outro.

Aqui vão alguns comentários. Tente identificar a quais estilos eles pertencem (as respostas estão no fim da página).

A: "A vida é curta demais para perder tempo. Fale logo o que precisa dizer e acabe com isso. Não preciso saber da história toda, só me conte a parte que me interessa."

B: "Ficar discutindo não adianta nada. Está tudo bem. Se não der certo, a gente faz outra coisa. Calma."

C: "Não precisamos tomar uma decisão com pressa. É melhor fazer as coisas do jeito certo. Vamos com calma para tomar a melhor decisão."

D: "Tenho uma opinião, mas quero ouvir o que todo mundo acha. Vamos ver se conseguimos encontrar uma solução inovadora e criativa."

Pense nas pessoas que você conhece bem. Qual delas pertence a cada estilo? Qual é o seu?

A: decidido; B: flexível; C: hierárquico; D: integrativo.

Estilo funcional e estilo operacional

Há mais um fator que afeta o estilo de uma pessoa ao tomar decisões e se comunicar.

As pessoas tendem a se comportar de forma diferente dependendo se estão em público ou em ambiente familiar. Voltando ao exemplo do capítulo anterior, em que Carrie queria pedir demissão, ela usou estilos diferentes para falar com o chefe e com a melhor amiga. Essas diferenças se chamam *estilo funcional* e *estilo operacional*.

Quando uma pessoa entende que precisa passar uma imagem favorável, como em uma entrevista de emprego, ao dar uma palestra ou ser apresentada aos sogros, ela tende a se comportar de forma adequada ao papel. A pessoa se comporta da forma como acredita que deveria, não necessariamente segundo sua personalidade natural.

No momento em que ela está menos ciente de como está pensando ou se comportando, a personalidade surge. Essa é a pessoa "de verdade", não aquela que os outros veem.

Com amigos, é diferente

Há uma cena clássica do filme *Grease: nos tempos da brilhantina* em que Danny Zuko tem um encontro inesperado com seu amor de verão, Sandy Olson, graças a uma amiga em comum, Rizzo.

> Rizzo: Ei, Zuko! Tenho uma surpresa para você.
> Danny: Ah, é?
> Rizzo: [ri] É.
> Danny: [Sandy é jogada na frente dele] Sandy!

SANDY: Danny!
DANNY: O-o que você está fazendo aqui? Achei que fosse voltar para a Austrália.
SANDY: Nós íamos, mas mudamos de planos!

Os amigos encaram Danny com uma expressão estranha, e ele muda de comportamento, fingindo que não se importa.

Danny sai do estilo operacional, o Danny "de verdade", que gostou de reencontrar Sandy, e passa para o estilo funcional, o Danny que acredita que deveria se fazer de durão na frente dos amigos.

DANNY: Maneiro, gata, mas, sabe como é, vida que segue e tal.
SANDY: Danny?
DANNY: Não precisa ficar falando o meu nome em vão.
SANDY: Qual é o seu problema?
DANNY: Como assim qual é o meu problema, gata? Qual é o seu problema?
SANDY: O que aconteceu com o Danny Zuko que eu conheci na praia?
DANNY: Bom, sei lá. Talvez existam dois de nós. Que tal você prender uns cartazes de pessoa desaparecida por aí? Ou procurar nas páginas amarelas e tal.
SANDY: Você é um falso mentiroso, e eu preferia nunca ter conhecido você!

Nessa interação, é possível observar que compreender os estilos operacional e funcional pode evitar muitos conflitos. Se Sandy tivesse entendido que Danny precisava manter sua imagem de "durão" diante dos amigos, não teria levado a conversa para o lado pessoal. Se Danny entendesse essa diferença, poderia ter encontrado uma forma de transmitir a Sandy que, na verdade, estava feliz em reencontrá-la. Na verdade, o restante do filme se baseia na dinâmica entre os estilos de comunicação operacional e funcional.

Este capítulo mostrou algumas diferenças entre estilos de comunicação que afetam como e quando compartilhar informações, e determinar quais delas serão divididas. Uma divergência entre as pessoas pode causar problemas graves na comunicação, provocando conflitos. A Parte Três investiga os diferentes tipos de falhas na comunicação e explora maneiras de reduzi-las.

Pense como um sábio, mas se comunique
na linguagem das pessoas comuns.
– WILLIAM BUTLER YEATS

MEU REGISTRO DE ESCUTA, PARTE 2

Enquadramentos do emissor

Em uma folha de papel ou diário, responda as perguntas a seguir:

1. Descreva uma experiência em que alguém se comunicou com você usando um enquadramento que influenciava a opinião da pessoa. Você conseguiu identificar isso na hora?

2. Na sua vida, quem é a pessoa que mais se comunica com você usando enquadramentos semelhantes aos seus? Quais são as semelhanças entre os seus enquadramentos?

3. Com quem você mais tem dificuldade de se comunicar?

4. Descreva uma situação em que alguém disse algo que irritou você.

5. Por que você acha que a pessoa se comportou assim?

6. Agora ressignifique esse motivo. Se você disse "Porque ele estava sendo egoísta", reverta a frase. "Ele NÃO estava sendo egoísta." Escreva a suposição reversa.

7. Pergunte a si mesmo: "Sob quais condições o oposto da minha suposição seria verdadeiro?"

A codificação da mensagem

O emissor codifica uma mensagem quando decide de que forma deseja transmitir uma informação.

1. Você precisa transmitir a seguinte mensagem para certas pessoas: "No mês que vem, vou me mudar para outro estado." Como codificaria a mensagem para cada receptor?
   a. Seus pais ou parentes próximos
   b. Seu chefe
   c. Seu melhor amigo
   d. Seus filhos
   e. Facebook e outras redes sociais

2. Descreva uma ocasião em que os seguintes fatores influenciaram a maneira como alguém codificou uma mensagem para você.
   a. Diferenças de poder
   b. Diferenças culturais
   c. Diferenças interpessoais

Fatores ambientais na codificação

Carga do ambiente é o termo que se refere à quantidade de estresse a que uma pessoa está sendo submetida.

1. Lembre-se de uma ocasião em que você entrou em um lugar e instantaneamente sentiu um "clima pesado". O que estava acontecendo?

2. Codifique as seguintes mensagens com base em cargas do ambiente diferentes:
   a. Diga a alguém para virar à esquerda em uma rua vazia.
   b. Diga a alguém para virar à esquerda no meio do trânsito intenso, saindo da pista direita.
   c. Responda a alguém que interrompe você enquanto está trabalhando com um prazo apertado.
   d. Responda a alguém que interrompe o que você está fazendo no trabalho às 17h45 de uma sexta-feira.

Estilos de decisão

O termo *satisfaciente* significa usar algumas informações para chegar a uma decisão "boa o suficiente".

Maximizadores são pessoas que levam MUITAS informações em consideração antes de fazer uma escolha.

Em uma folha de papel ou diário, responda às perguntas a seguir:

1. Você conhece algum satisfaciente?

2. E maximizador?

3. Como você se classifica?

4. Cite um exemplo de uma ocasião em que você demonstrou cada tipo de uso de informações.

Pessoas "unifocais" se concentram em gerar uma solução ideal. Pessoas "multifocais" tendem a enxergar mais de uma solução ou opção.

---

5. Você tende a ser unifocal ou multifocal?

6. Descreva uma ocasião em que você entrou em conflito com alguém que tinha outro estilo de foco. Saber dessa informação teria ajudado a amenizar a briga? Como?

Quatro estilos

Hierárquico: Pessoas que tomam decisões cuidadosas e lentas com base em muitas informações e análises.

Integrativo: Pessoas que usam muitas informações e gostam de cogitar várias opções.

Decidido: Pessoas que usam uma quantidade mínima de informações para chegar rapidamente a uma conclusão definitiva.

Flexível: Pessoas com estilos de pensamento muito fluidos, que usam poucas informações de várias formas.

1. Descreva uma opção de carreira típica para cada um dos es-

tilos. (Exemplos de respostas podem ser encontrados no fim da página, apesar de existirem muitas outras possibilidades.)
a. Hierárquico
b. Integrativo
c. Decidido
d. Flexível

Estilo funcional: Comportar-se da forma como acredita que deveria em determinada situação.

Estilo operacional: Seu estilo de decisão natural.

---

2. Determine se você seguiria o estilo funcional ou operacional nas seguintes situações.
   a. Uma reunião de pais e mestres.
   b. Assistindo a um filme no sofá com seu melhor amigo.
   c. Em um curso de informática do trabalho.
   d. Após o curso do trabalho, no happy hour com seus colegas.

---

a. contador, engenheiro; b. escritor, cientista; c. cirurgião, piloto de caça; d. terapeuta, professor

PARTE TRÊS

Você não está escutando! Falhas na comunicação

7

Conflito

Ninguém falaria muito em público se soubesse com que frequência interpreta mal os outros.
– Johann Wolfgang von Goethe

Elizabeth estava empolgada. Ela e o namorado, Andy, estavam juntos havia um ano e meio e finalmente iam viajar sozinhos durante um feriado. Andy tem três filhos do casamento anterior e divide a guarda com a ex-mulher, Michelle. Com a correria do trabalho e os filhos passando fins de semana alternados na casa de Andy, os dois não tinham muito tempo para ficar a sós.

É noite de quinta-feira, e Elizabeth está parada na frente do armário, decidindo quais roupas levar, quando o telefone toca. Ela vê que é Andy.

– Oi, amor – diz Elizabeth. – Estou TÃO empolgada com o fim de semana! Comecei a fazer a mala agora.

– Oi. Então, foi por isso que liguei.

Elizabeth sente um aperto no peito, e seu estômago embrulha. Pela voz de Andy, dá para perceber que algo aconteceu.

– O que houve? – pergunta ela desconfiada.

– Bom, você sabe que este era o meu fim de semana com as crianças, né?

– Sei...

– Bom, eles não vão mais viajar com os primos para o resort de esqui. Acho que a tia deles ficou gripada ou algo assim. Então... preciso ficar com as crianças no fim de semana.

– Você não pode ligar para a Michelle e pedir a ela que fique com os três? Afinal de contas, ela é MÃE deles.

Elizabeth sente que está ficando muito nervosa. Aquele deveria ser o fim de semana DELES!

– Não posso fazer isso. Você sabe que precisei entrar na Justiça para conseguir passar mais tempo com as crianças. Seria complicado mudar de ideia agora e pedir a ela que fique com as crianças.

Elizabeth sente as lágrimas se acumulando nos olhos. Ela sabe que deveria ser compreensiva e gentil, mas está tão decepcionada que não consegue segurar o tom sarcástico na voz:

– Não, é claro. Seria um absurdo você pedir para a sua EX-MULHER cuidar dos próprios filhos. Em vez disso, você está ME pedindo de novo para deixar nosso relacionamento de lado para as crianças ficarem enfurnadas na sua casa, jogando videogame o fim de semana inteiro.

– E se nós todos viajássemos juntos? Podemos ir esquiar. Sei que não seria a mesma coisa, mas nós ainda conseguiríamos passar um tempo sozinhos enquanto as crianças...

Elizabeth o interrompe:

– Não. Deixa pra lá. Não vou me enfiar em um chalé apertado com os seus três filhos e chamar isso de viagem romântica. Vocês podem ir sem mim.

Agora é a vez de Andy ficar irritado:

– Escuta. Quando a gente começou a sair, você sabia que eu tinha filhos. Sempre deixei bem claro que eles são a minha prioridade. Sinto muito. Nada disso é culpa minha. Se você prefere criar caso, paciência. EU vou levar as crianças para esquiar. Você pode ir com a gente, se quiser. Eu gostaria da sua presença, mas a decisão é sua.

– Só não entendo por que você sempre coloca a Michelle em primeiro lugar, e não a mim. Eu sou a sua namorada... Parece que você não quer que ninguém saiba que a nossa relação é importante. Ou talvez a nossa relação NÃO SEJA importante para você. Preciso de um tempo para pensar se quero continuar com alguém assim. Depois a gente se fala.

Elizabeth desliga, e os dois ficam encarando o telefone, chateados pelo fato de a conversa ter se transformado em uma briga com tanta rapidez.

Praticamente todos os tipos de relacionamento passam por conflitos. Falhas na comunicação atrapalham relações, sejam elas íntimas ou profissionais. Este capítulo examinará como as brigas se desenvolvem e como habilidades de escuta ativa podem prevenir e solucionar conflitos interpessoais.

Mensagens confusas

Independentemente do assunto da conversa, do emissor, do receptor ou do ambiente, conflitos interpessoais são causados por falhas na comunicação entre duas pessoas. Eles são potencializados quando ambos os lados sentem fortes emoções.

> Conflitos interpessoais são causados por falhas na comunicação entre duas pessoas.

Na história de Elizabeth e Andy, ele precisa dar uma notícia a ela. Segue um esquema com um resumo da conversa:

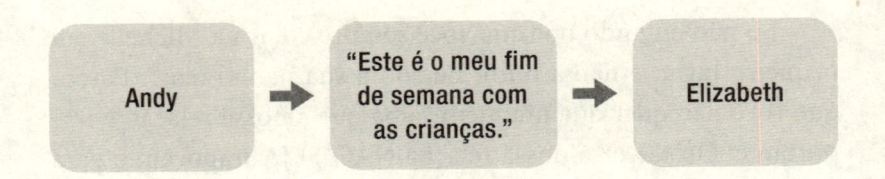

Andy → "Este é o meu fim de semana com as crianças." → Elizabeth

Podemos observar que, por si só, a mensagem não cria conflito. É uma declaração. Aquele é o fim de semana de Andy com as crianças.

O conflito surge dos diferentes enquadramentos que cada pessoa tem em relação à mensagem. O de Andy conclui que, como ele não esperava ter que cuidar dos filhos no fim de semana, ele e Elizabeth podem bolar um plano alternativo que permita que todos viajem juntos. O enquadramento de Elizabeth é que a presença dos filhos de Andy mudaria a experiência que ela pretendia ter.

Aqui vai uma representação visual da situação.

Enquadramento de Andy → Filhos de Andy ← Enquadramento de Elizabeth

Ao visualizar a questão dessa forma, é fácil ver como ela pode ser um gatilho para emoções exaltadas em ambos os lados. Assim como a maioria dos pais, Andy tem um forte senso de lealdade com os filhos. Se acreditar que alguém está tentando interferir na sua relação com eles, vai ficar na defensiva e se irritar.

Elizabeth, por outro lado, quer sentir que Andy a valoriza. Ela sabe que o namorado ama os filhos, mas acredita que as crianças estão interferindo na relação.

Etapas do conflito

Conflitos se desenvolvem em etapas, que costumam ser bem previsíveis. Para lidar com eles, é necessário identificar como e quando começam.

Em 1967, o pesquisador Lou Pondy apresentou um modelo de conflitos organizacionais que identifica cinco etapas:

1. **Conflito latente:** o potencial de conflito.

2. **Conflito identificado:** o aspecto cognitivo em que uma ou ambas as partes reconhecem que há um conflito.

3. **Conflito sentido:** o aspecto "sensorial" do conflito – as partes começam a ficar nervosas.

4. **Conflito manifesto:** o aspecto comportamental do conflito: hostilidade, discussão ou embate físico.

5. **Consequências do conflito:** os efeitos do conflito.

Aqui mostro como as etapas se aplicam à nossa história:

Conflito latente: Quando Andy liga para Elizabeth e informa que ficará com os filhos no fim de semana, impossibilitando os planos que tinham feito, existe potencial de conflito.
Conflito identificado: Imediatamente após ouvir o tom de voz de Andy, Elizabeth começa a perceber que há um conflito.
Conflito sentido: Ao ouvir a mensagem de Andy, Elizabeth começa a ficar chateada.
Conflito manifesto: Os dois começam a brigar. Observe que o conflito pode dar voltas. Andy começa a notar a irritação de

Elizabeth. Então ele se irrita com o conflito manifesto dela e começa a manifestar o conflito também, insinuando que viajará sozinho com os filhos.

Consequências do conflito: Andy e Elizabeth começam a repensar o namoro e cogitam a hipótese de terminar.

Restos do conflito latente

Esse conflito específico sobre o feriado não surgiu sozinho. Andy e Elizabeth estão juntos há um ano e meio. Quanto mais problemas de comunicação se acumulam, mais fácil é transformar conflitos latentes em conflitos manifestos.

> Quanto mais problemas de comunicação se acumulam, mais fácil é transformar conflitos latentes em conflitos manifestos.

Por exemplo, Andy e a ex-mulher, Michelle, brigam por causa dos filhos desde que eram casados. Ele acabou de concluir uma batalha difícil na Justiça. Então leva isso consigo para a conversa com Elizabeth.

Ao mesmo tempo, Elizabeth passou um ano e meio vendo o namorado distraído e chateado com a batalha na Justiça contra a ex-mulher para ficar com os filhos. Aquela não é a primeira vez que as necessidades dela são deixadas de lado por causa de Michelle.

Três fases da resolução de conflitos

No seu livro *The Power of Ethical Persuasion* (O poder da persuasão ética), o dr. Tom Rusk apresenta um modelo de três fases da resolução de conflitos. São elas:

Primeira fase: Explore o ponto de vista da outra pessoa.
Segunda fase: Explique o seu ponto de vista.
Terceira fase: Crie soluções.

Aqui vão mais detalhes sobre cada uma.

Primeira fase: Explore o ponto de vista da outra pessoa

Note que isso acontece ANTES da fase em que você se explica. Esse é um erro que muitas pessoas cometem em situações de conflito. Passamos tanto tempo tentando convencer a pessoa a ouvir o nosso lado que não entendemos o lado dela.

Mais uma vez, a questão aqui são nossos enquadramentos e aprender a mudá-los. Você precisa ser capaz de sair do seu e compreender o da outra pessoa.

O dr. Rusk apresenta sete passos para explorar o ponto de vista do seu interlocutor:

1. Deixe claro que o objetivo imediato é a compreensão mútua, não a solução do problema.

2. Pergunte sobre os pensamentos, sentimentos e desejos da outra pessoa em relação à questão debatida.

3. Peça ajuda para compreender a outra pessoa. Tente não se defender nem discordar.

4. Repita o posicionamento da outra pessoa com suas palavras, para mostrar que você entende.

5. Peça à outra pessoa que o corrija caso você tenha entendido alguma coisa errado e continue explicando o posicionamento dela.

6. Mencione o seu posicionamento apenas para dar continuidade à conversa.

7. Repita as etapas 1 a 6 até a outra pessoa ter certeza de que você compreendeu o que ela pensa.

Passamos tanto tempo tentando convencer a pessoa a ouvir o nosso lado que não entendemos o lado dela.

Segunda fase: Explique o seu ponto de vista

Só depois de ouvir completamente o ponto de vista da outra pessoa e entender o enquadramento dela é que você pode se concentrar em explicar o seu ponto de vista. Caso tente fazer isso rápido demais, a outra pessoa não se sentirá "ouvida" e não conseguirá ouvir você.

Aqui vão cinco passos para explicar o seu posicionamento:

1. Peça à pessoa que também escute você de forma justa.

2. Comece com uma explicação de como os pensamentos e sentimentos da outra pessoa afetam você.

3. Evite jogar a culpa no outro e ficar se defendendo.
4. Explique com cuidado os seus pensamentos, desejos e sentimentos como a *sua* verdade, não *a* verdade.
5. Peça repetições do seu posicionamento – e faça correções caso algo esteja incorreto – conforme necessário.
6. Revise seus respectivos posicionamentos.

Só depois de ouvir completamente o ponto de vista da outra pessoa e entender o enquadramento dela é que você pode se concentrar em explicar o seu ponto de vista.

Terceira fase: Crie soluções

Após cada um ter escutado completamente o outro, chega o momento de explorar opções e criar uma solução.

Uma forma de encarar a situação é visualizar as duas partes em extremidades opostas de uma mesa. No meio há uma folha de papel que representa a questão ou o problema.

Em situações típicas de conflito, cada lado se concentra em colocar o papel do seu lado da mesa. "Nós vamos viajar sozinhos no feriado." "Nós vamos levar as crianças também."

Neste modelo, por outro lado, as duas partes irão para o mesmo lado da mesa para encarar juntas o papel, solucionando o problema de forma colaborativa em vez de brigar sobre quem fica com ele.

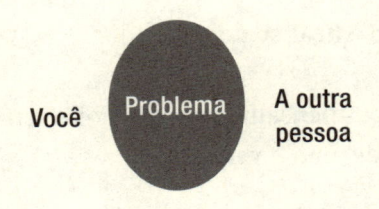

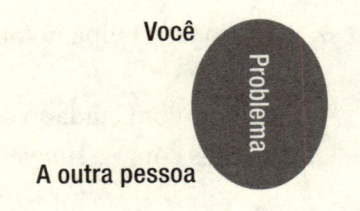

Resolução de conflitos típica   **Nossa resolução de conflitos**

Quando ambas as partes estão do mesmo lado e concentrados no problema a ser solucionado, o conflito se ameniza. E, é claro, tudo começa com a escuta.

Aqui vão algumas dicas para criar soluções:

1. Afirme uma compreensão mútua e confirme que ambos estão prontos para cogitar opções para uma solução.

2. Converse sobre várias alternativas.

3. Caso ainda não tenha aparecido uma solução mutuamente aceitável, tente uma ou mais das seguintes opções:
   - Faça um intervalo para repensar as ideias, conversar, trocar propostas e depois voltar ao assunto.
   - Aceite pedir ajuda a um juiz, mediador ou terapeuta neutro.
   - Chegue a um meio-termo entre soluções diferentes.
   - Reveze soluções diferentes.
   - Ceda (por enquanto) assim que o seu posicionamento for completa e respeitosamente cogitado.
   - Afirme seu poder opinativo após cogitar completa e respeitosamente o posicionamento da outra pessoa.
   - Aceite que vocês não vão chegar a um acordo, mas que continuam se respeitando; então, se possível, sigam caminhos diferentes em relação à questão.

Uma nova versão de Andy e Elizabeth

Vamos rever a situação de Andy e Elizabeth colocando em ação tudo que aprendemos neste capítulo.

Aqui vai a conversa de novo, até o momento em que o conflito passou de latente para identificado:

É noite de quinta-feira, e Elizabeth está parada na frente do armário, decidindo quais roupas levar, quando o telefone toca. Ela vê que é Andy.

– Oi, amor – diz Elizabeth. – Estou TÃO empolgada com o fim de semana! Comecei a fazer a mala agora.

– Oi. Então, foi por isso que liguei.

Elizabeth sente um aperto no peito, e seu estômago embrulha. Pela voz de Andy, dá para perceber que algo aconteceu.

– O que houve? – pergunta ela desconfiada.

– Bom, você sabe que este era o meu fim de semana com as crianças, né?

– Sei...

– Bom, eles não vão mais viajar com os primos para o resort de esqui. Acho que a tia deles ficou gripada ou algo assim. Então... preciso ficar com as crianças no fim de semana.

– Você não pode ligar para a Michelle e pedir a ela que fique com os três? Afinal de contas, ela é MÃE deles.

Elizabeth sente que está ficando muito nervosa. Aquele deveria ser o fim de semana DELES!

Nesse ponto, tanto Andy quanto Elizabeth estão cognitivamente cientes de que existe um conflito e começam a se exaltar. Lembre-se das três fases da resolução de conflitos:

Primeira fase: Explore o ponto de vista da outra pessoa.

Segunda fase: Explique o seu ponto de vista.
Terceira fase: Crie soluções.

Aqui vai como a conversa poderia ter tomado rumos diferentes:

– Ei, Elizabeth. Eu estou do seu lado. Dá para perceber que você está nervosa. Quero saber o que você está sentindo.
– Estou frustrada, ora. Parece que a Michelle sempre dá um jeito de atrapalhar quando nós tentamos fazer alguma coisa juntos. Os seus filhos não são o problema. Sinto que a Michelle tem ciúme da nossa relação.

Observe que Andy precisa tomar uma decisão agora. Ele pode discordar de Elizabeth e piorar a briga. Ou pode continuar fazendo perguntas para entender os sentimentos dela:

– Faz sentido você se sentir assim. Nós dois nos aproximamos muito no último ano e meio. Então, se eu entendi direito, o problema não é só o feriado. É o fato de nossos planos serem interrompidos com frequência, não é?
– Sim, é exatamente isso.

Só agora que Elizabeth concordou que foi "ouvida" é que Andy pode explicar o seu posicionamento:

– Tudo bem, então, agora que entendi como você se sente, você pode me ouvir também?
– Claro. Tudo bem.
– Quando você fica decepcionada assim, fico achando que eu sou o motivo da sua decepção. E NUNCA quero que isso aconteça. Eu te amo!
– Eu também te amo.

– E a questão é que essa situação está completamente fora do meu controle. Talvez você tenha razão, e a Michelle tenha ciúme da gente. Desde o divórcio, ela fala mal de mim para as crianças. Não quero dar mais motivos para ela reclamar, tipo "Seu pai não quis ficar com vocês nem no fim de semana dele. Só pediu a guarda para economizar o que gastaria em pensão." Então é por isso que não quero que ela fique com as crianças. E não quero decepcionar meus filhos.

– É, dá para entender.

– Então estou tentando encontrar uma solução que agrade todo mundo.

– Eu sei. Mas é impossível não ficar decepcionada. Eu estava muito empolgada para passarmos um tempo sozinhos. Mas eles são seus filhos, e eu sou adulta. Consigo lidar com a minha decepção.

Agora, Andy e Elizabeth estão prontos para solucionar o problema.

– Então, o que faremos?

– Que tal a gente levar as crianças para esquiar no feriado e aí vamos para a pousada no fim de semana que vem? Sei que você vai precisar trabalhar um pouco de manhã, mas teremos o restante do dia para aproveitar.

Dá para ver como a conversa poderia ter seguido rumos diferentes. Elizabeth poderia ter tomado a iniciativa e perguntado sobre os sentimentos de Andy primeiro, por exemplo. Ou eles poderiam ter encontrado soluções diferentes. Mas o segredo é que os dois dedicaram tempo a ESCUTAR o ponto de vista um do outro e explorar seus enquadramentos.

Este capítulo discutiu a questão complexa de conflitos em relacionamentos interpessoais. Nós estabelecemos que as habilidades de escuta são fundamentais para evitar e acalmar desavenças.

O próximo capítulo ajudará você a explorar o seu próprio estilo de conflito, para que consiga se tornar um ouvinte melhor quando identificar um conflito latente.

Relacionamentos se baseiam em sentimentos...
Mágoas são uma oportunidade de
aprofundar uma relação...
O segredo... é encará-las com carinho e respeito.
– DR. TOM RUSK

8

Seu estilo de conflito (e o que ele diz sobre a escuta)

*Uma das nossas armas mais poderosas
é a escuta.*
– Nelson Mandela

Enquanto Bill caminha pelo corredor rumo à sala de reuniões, ele sente uma dor de cabeça chegando. *Esta é a pior parte de ser chefe*, pensa ele. Porém, ser chefe significa ter conversas difíceis. E, se ele não resolver aquela questão agora, a situação pode piorar.

Conforme os quatro membros da equipe de gerência de Bill entram na sala, ele sente a tensão no grupo.

– Mike, Tom, Lin, Karen, obrigado por virem. Imagino que todos saibam por que convoquei esta reunião.

– Acho ótimo termos esta reunião, Bill – diz Mike para todos ouvirem. – Ainda bem que vamos acabar com todas essas brigas depois que todo mundo entender que eu e você estamos alinhados em relação a qual é o PROBLEMA de verdade.

Mike olha com raiva para Tom, que desvia o olhar.

Bill prossegue:

– Vocês quatro são meus gerentes. Mas, nos últimos três meses, as brigas entre vocês só pioraram, e agora comecei a receber reclamações dos colaboradores das suas equipes. Desde a incorporação, cada departamento está fazendo as coisas de jeitos diferentes, e isso está começando a virar um problema sério. Precisamos chegar a um consenso em relação às políticas e aos procedimentos, e depois aplicá-los de maneira uniforme em toda a empresa.

Lin interrompe:

– Tenho certeza de que, se trabalharmos juntos, vamos bolar uma solução melhor do que qualquer um de nós encontraria sozinho.

Karen intervém:

– Odeio essa tensão toda. Nós todos temos relacionamentos uns com os outros e devíamos nos concentrar nisso. Se todo mundo concordar, estou disposta a deixar de lado todas as brigas.

O grupo percebe que Mike está ficando cada vez mais nervoso.

– Não! A questão não são nossos relacionamentos nem chegar a um consenso em grupo. Estamos falando de princípios. – Ele olha para Bill. – Fala pra eles! Fala que eu tenho razão!

Bill entrelaça as mãos enquanto olha para a equipe. Tom passou a reunião inteira em silêncio.

– Tom, o que você acha?

Tom demora um instante antes de começar a falar:

– Não entendo qual é o problema. Não vale a pena ficar brigando por causa disso. Não tenho uma opinião. Na verdade, vou só ouvir o que todos têm a dizer.

– É claro que você não tem opinião, Tom! – dispara Mike, praticamente berrando. – Você nunca acha nada. Nós dois somos os únicos gerentes que sobraram da empresa antiga. Em vez de defender a forma como fazíamos as coisas, e que inclusive foi o motivo para o sucesso que levou à incorporação, você só abaixa a cabeça!

– Essa é uma forma de interpretar a situação, Mike – tenta Lin. – Na minha opinião, a forma como as coisas eram feitas an-

tes não dava tão certo assim. Acho mesmo que precisamos tentar discutir soluções.
– Ótimo... Eu desisto. – Karen está praticamente chorando. – Podemos fazer do seu jeito. Eu só quero ter um ambiente de trabalho agradável de novo.

Conflitos, sejam no trabalho ou na vida pessoal, são traumáticos. E, como mencionamos, afetam (e são afetados) pela capacidade das partes de escutar de forma eficiente.

A situação que apresentamos ilustra como formas diferentes de lidar com um conflito podem piorar problemas em vez de solucioná-los.

Este capítulo falará sobre cinco estilos básicos de conflito e discutirá como usar a escuta ativa para minimizar as desavenças com pessoas que seguem cada um deles.

É importante observar que muitas pesquisas foram feitas sobre estilos de conflito interpessoal, e o modelo que apresentamos aqui é uma mistura de muitas dessas abordagens. O gerenciamento de conflitos é uma área de estudos ampla que vai além do escopo deste livro.

Estilos de conflito diferentes

Para os propósitos deste livro, identificamos quatro estilos básicos que as pessoas seguem ao encarar um conflito.[4] São eles:

O leão. Dá mais valor a "vencer a discussão" do que ao relacionamento. Essa pessoa encara conflitos como competições. "Sei que eles vão mudar de ideia quando entenderem meu argumento." É uma mentalidade de "eu ganho/você perde".

O avestruz. Foge de conflitos sempre que pode. Para essas pessoas, entrar em conflito É o problema, e discutir não vale a pena, porque não vai mudar a situação. "Prefiro esquecer esse assunto." É uma mentalidade de "eu perco/você perde".

O cachorro. Dá mais valor ao relacionamento do que a qualquer outra coisa e cederá aos desejos da outra pessoa para manter a relação. É o exato oposto do leão. "Tudo bem, vamos fazer do seu jeito." É uma abordagem de "eu perco/você ganha".

O peixe. Concentra-se na colaboração e no trabalho em equipe como um cardume. Essas pessoas querem debater opções diferentes para encontrar aquela que beneficia todos. É uma abordagem de "eu venço/você vence".

Existe outro estilo que não é tão dominante. Na verdade, é um estado que podemos adotar para ajudar alguém a passar de uma mentalidade para outra. Nós o chamamos de *o camaleão*. Essa é a pessoa que adota outros estilos momentaneamente para se comunicar com alguém que segue um estilo diferente.

Assim como acontece com o estilo funcional e o operacional, há muitas variáveis que influenciam a forma como uma pessoa lida com conflitos. Temos uma tendência natural a encará-los de certa maneira, apesar de fatores como carga do ambiente, dinâmicas de poder, diferenças culturais, entre outros, poderem influenciar a decisão de usar nosso estilo natural ou algum outro.

Também é importante observar que um estilo não é necessariamente melhor do que outro. Pode parecer que o peixe, por exemplo, é o ideal, já que almeja criar uma situação em que as duas partes vencem. Mas há circunstâncias em que encontrar uma vitória mútua talvez NÃO seja o melhor estilo (em uma competição de trabalho, por exemplo).

Qual é o seu estilo de conflito?

O questionário a seguir ajudará você a descobrir o seu estilo de conflito. Ao responder às perguntas, lembre que não existem respostas certas ou erradas. Cada estilo é bom ao seu modo.

Para saber sua nota, classifique quanto você concorda com a frase segundo a seguinte classificação:

- 6 = concordo completamente
- 5 = concordo
- 4 = concordo às vezes
- 3 = discordo às vezes
- 2 = discordo
- 1 = discordo completamente

1. Meu foco é conseguir resultados excelentes, mas outras pessoas costumam me atrapalhar.

2. Estou sempre disposto a ouvir a opinião dos outros e também quero oferecer a minha.

3. Mudo de objetivos com frequência para que outras pessoas consigam conquistar os delas.

4. Se as pessoas não respeitam a minha opinião, não a compartilho.

5. Quando alguém tem uma ideia que acredita ser boa, tento ajudar a pessoa.

6. Quando um conflito ocorre, não mudo os meus princípios, não importa o que aconteça.

7. Sempre estou disposto a pensar nas opiniões dos outros, mas tomo minhas próprias decisões.

8. Em momentos de conflito, é mais importante chegar a uma solução do que satisfazer minhas prioridades.

9. Quando um conflito ocorre, minha tendência é me afastar da situação e fazer outra coisa.

10. Não gosto de provocar conflitos, então coopero com as outras pessoas e faço o que elas querem.

11. Quando vou atrás das minhas prioridades, permaneço firme em relação aos meus desejos.

12. Durante um conflito, imediatamente tento entender as preocupações de todos os envolvidos.

13. Durante um conflito, tento encontrar um meio-termo.

14. Nem sempre vale a pena se preocupar com opiniões diferentes, então costumo evitá-las.

15. Gosto de pedir a opinião dos outros e tentar encontrar formas de cooperar.

16. Quando formo uma opinião, não gosto que tentem me convencer a mudar de ideia.

17. Quando um conflito ocorre, quero ouvir o ponto de vista de todos e expressar o meu.

18. Quando as pessoas têm visões diferentes, geralmente proponho um meio-termo.

19. Tendo a fugir de pessoas muito cheias de opinião.

20. Acredito que seja mais importante se dar bem com os outros do que vencer uma discussão.

21. Após tomar uma decisão, eu a defendo com veemência.

22. Sou uma pessoa decidida, mas faço questão de ouvir os outros para encontrar a melhor solução possível.

23. Quando vejo outras pessoas brigando, fico quieto, porque não adianta nada brigar.

24. Acredito que há várias formas de se chegar a um resultado e é importante identificá-las.

25. Se alguém tem uma opinião mais forte do que eu em relação a determinado assunto, simplesmente ajusto minhas prioridades.

Como calcular sua pontuação

Para cada uma das categorias a seguir, escreva o número anotado para cada pergunta e depois some tudo.

Leão
1: _____
6: _____
11: _____
16: _____
21: _____
Total: _____

Camaleão
5: _____
7: _____
15: _____
20: _____
25: _____
Total: _____

Peixe
2: _____
12: _____
13: _____
17: _____
24: _____
Total: _____

Cachorro
3: _____
8: _____
10: _____
18: _____
23: _____
Total: _____

Avestruz
4: _____
9: _____
14: _____
19: _____
22: _____
Total: _____

O que isso significa?

Resultados

Meu estilo dominante é _____ (sua MAIOR pontuação) e meu estilo reserva é _____ (a segunda maior pontuação).

Na história de abertura do capítulo, o estilo de conflito de cada um dos participantes é:

Mike: Leão
Tom: Avestruz
Karen: Cachorro
Lin: Peixe
Bill: Camaleão

Quando usar cada estilo[5]

O modelo reflete as ESCOLHAS feitas pelas pessoas em determinadas situações, não características de personalidade enraizadas. Aqui vão alguns exemplos de circunstâncias em que cada estilo é apropriado:

Leão

- Quando o conflito envolver diferenças pessoais que são difíceis de mudar.
- Quando manter relacionamentos íntimos ou colaborativos não for importante.
- Quando outras pessoas puderem tirar vantagem do comportamento não competitivo.
- Quando solucionar o conflito for urgente; uma crise em que seja essencial tomar uma decisão.

- Quando decisões impopulares precisarem ser implementadas.

Avestruz

- Quando o problema não for sério ou a questão for muito boba.
- Quando o confronto prejudicar uma relação de trabalho.
- Quando houver pouca chance de satisfazer as suas vontades.
- Quando um rompimento for pior do que as vantagens de solucionar o conflito.
- Quando reunir informações for mais importante do que uma decisão imediata.
- Quando outras pessoas conseguirem resolver o conflito de forma mais eficiente.
- Quando limitações de tempo exigirem um adiamento.

Cachorro

- Quando manter a relação for mais importante.
- Quando as sugestões ou mudanças não forem importantes para a pessoa que se acomoda.
- Para minimizar as perdas em situações em que a pessoa esteja em desvantagem ou perdendo.
- Quando o tempo for limitado.
- Quando harmonia e estabilidade forem valorizadas.

Peixe

- Quando manter a relação for importante.
- Quando o tempo não for uma preocupação.
- Quando houver conflito entre colegas de trabalho.

- Para tentar conseguir comprometimento por meio de um consenso.
- Para aprender e tentar mesclar perspectivas diferentes.

Camaleão

- Quando questões importantes ou complexas não apresentarem soluções claras ou simples.
- Quando todas as pessoas em conflito tiverem níveis de poder semelhantes e estiverem muito interessadas em soluções diferentes.
- Quando não houver limitação de tempo.

Compreender os estilos é o primeiro passo para melhorar nossa capacidade de escutarmos uns aos outros. Caso você esteja em uma reunião, por exemplo, e os ânimos estejam aflorados, olhe ao redor e veja qual estilo os outros participantes estão seguindo. Existe um leão? Quem é o avestruz? Ao identificar os estilos expressados pelas pessoas, fica mais fácil sair do nosso enquadramento e entrar no dos outros. Esse é o primeiro passo para a escuta ativa.

A paz de POX

Seus dois melhores amigos, Sam e Noah, estão brigando, e você mais uma vez fica no meio deles. Você só quer que os dois cheguem a um acordo. Será que algo pode ser feito para melhorar a situação?

Em 1946, o teórico Fritz Heider desenvolveu a teoria do equilíbrio para examinar relacionamentos entre pessoas e coisas. É mais fácil visualizá-la como um triângulo, com pontos denominados P (pessoa), O (outro) e X (um terceiro elemento).

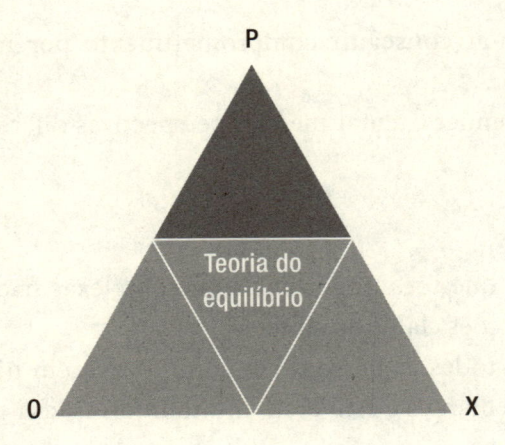

Triângulo com vértices P (topo), O (inferior esquerdo), X (inferior direito), com a inscrição "Teoria do equilíbrio".

No nosso exemplo, você é P; Sam é O, a outra pessoa; e X é o elemento extra, Noah. Em equilíbrio, todos os três elementos se associam de forma positiva.

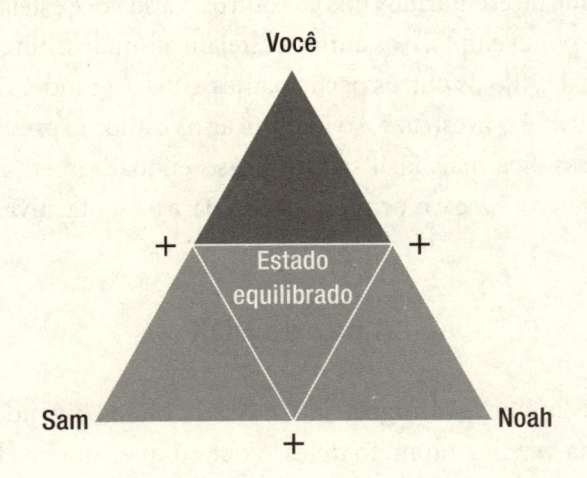

Triângulo com vértices Você (topo), Sam (inferior esquerdo), Noah (inferior direito), com sinais de + em cada lado e a inscrição "Estado equilibrado".

Porém, quando um dos positivos se torna negativo (a briga entre Sam e Noah, por exemplo), o sistema se desequilibra.

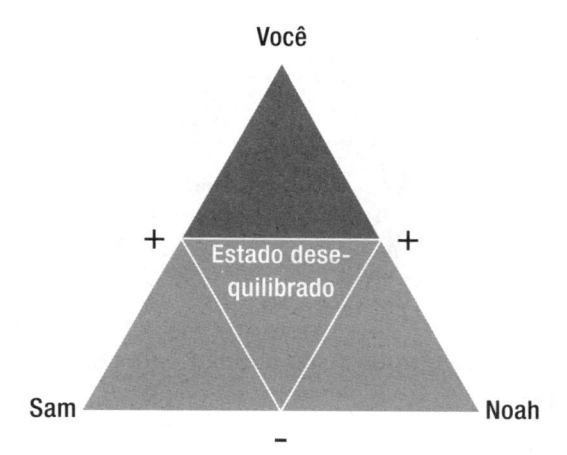

```
              Você
               +        +
          Estado dese-
           quilibrado
    Sam                    Noah
              -
```

O amigo do meu amigo é meu amigo.
O inimigo do meu amigo é meu inimigo.
O amigo do meu inimigo é meu inimigo.
O inimigo do meu inimigo é meu amigo.

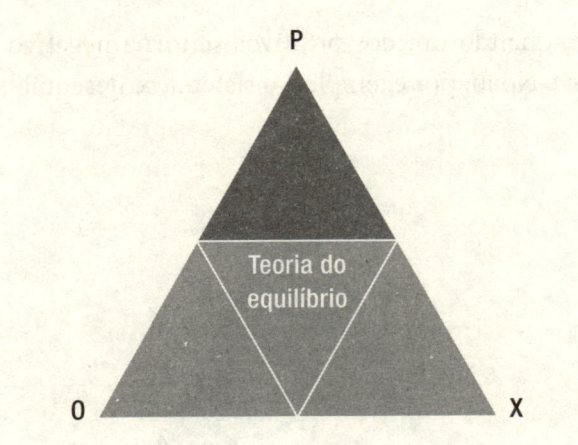

Existem quatro conjuntos de relacionamentos que costumam ser equilibrados:
- P + O, P + X, O + X
- P - O, P - X, O + X
- P - O, P + X, O - X
- P + O, P - X, O - X

Também existem quatro relacionamentos que costumam ser desequilibrados e podem ser transformados nas relações equilibradas que acabamos de citar:
- P + O, P - X, O + X
- P + O, P + X, O - X
- P - O, P + X, O + X
- P - O, P - X, O - X

Exemplos:
Equilibrado: P + O, P + X, O + X → Você concorda com Sam. Você concorda com Noah. Sam concorda com Noah.
Desequilibrado: P + O, P + X, O - X → Você concorda com Sam. Você concorda com Noah. Sam não concorda com Noah.

Quando o sistema está desequilibrado, ocorre algo chamado *dissonância*. Dissonância é a tensão psicológica que acontece sempre que surge um desequilíbrio. Nossa mente quer reverter a situação. Uma forma de fazer isso é compreender o estilo de conflito da outra pessoa no trio.

Como restaurar o equilíbrio

Para restaurar o equilíbrio e amenizar o conflito, é preciso prestar atenção no que cada pessoa tem a dizer, identificar o estilo de cada uma e enquadrar a situação de acordo com esse estilo. Aqui vai como isso poderia acontecer em cada caso:

O leão. É competitivo. Dá mais valor a "vencer a discussão" do que ao relacionamento. Mostre que concordar é, na verdade, "vencer".

O avestruz. Foge de conflitos a todo custo. Mostre ao avestruz que não existe um conflito de verdade. Há apenas formas diferentes de encarar as coisas.

O cachorro. Dá mais valor ao relacionamento do que a qualquer outra coisa e cederá aos desejos da outra pessoa para manter a relação. Com o cachorro, o foco deve ser a relação entre vocês três.

O peixe. Concentra-se na colaboração e no trabalho em equipe como um cardume. Essas pessoas querem debater opções diferentes para encontrar aquela que beneficia todos. Mais uma vez, isso é mais uma técnica do que um estilo. É assim que você deve se comportar ao tentar restabelecer o equilíbrio.

Este capítulo explicou os estilos básicos que as pessoas adotam ao encarar um conflito e apresentou um modelo que mostra como acontecem os desequilíbrios. Na Parte Quatro, falaremos sobre algumas técnicas de escuta ativa que o ajudarão a ouvir as informações de que precisa para solucionar – e prevenir – falhas na comunicação.

A sensibilidade com os outros não é uma habilidade boba; pelo contrário, é uma habilidade humana verdadeiramente preciosa. Mas não é complexa: requer receptividade a outras pessoas e disposição de escutar.
– JAMES KOUZES E BARRY POSNER

MEU REGISTRO DE ESCUTA, PARTE 3

Etapas do conflito

O conflito surge dos diferentes enquadramentos que cada pessoa tem sobre a mensagem.

Vamos rever as cinco etapas do conflito:

1. **Conflito latente:** o potencial de conflito.

2. **Conflito identificado:** o aspecto cognitivo em que uma ou ambas as partes reconhecem que há um conflito.

3. **Conflito sentido:** o aspecto "sensorial" do conflito – as partes começam a ficar nervosas.

4. **Conflito manifesto:** o aspecto comportamental do conflito. Hostilidade, discussão ou embate físico.

5. **Consequências do conflito:** os efeitos do conflito.

Em um caderno ou diário, responda às seguintes perguntas:

1. Você tem algum relacionamento que costuma ter conflitos latentes? Descreva-o.

2. Quando foi a última vez que você percebeu cognitivamente um conflito se desenvolvendo na conversa? A outra pessoa também percebeu?

3. Como você reage a conflitos "sentidos"? Que sentimentos você tem?

4. Qual foi a pior coisa que você já fez durante um conflito manifesto?

5. Qual foi a consequência da sua resposta à pergunta 4?

Três fases da resolução de conflitos

Pode ser interessante fazer os próximos exercícios com outra pessoa apenas para tirar maior proveito deles. Só não escolha a pessoa com quem você teve o conflito original, já que isso pode recomeçar a briga. Prefira alguém com quem você tem um relacionamento pouco conflituoso.

Primeira fase: Explore o ponto de vista da outra pessoa.
Segunda fase: Explique o seu ponto de vista.
Terceira fase: Crie soluções.

Primeira fase: Explore o ponto de vista da outra pessoa

1. Deixe claro que o objetivo imediato é a compreensão mútua, não a solução do problema.

2. Pergunte sobre os pensamentos, sentimentos e desejos da outra pessoa em relação à questão debatida.

3. Peça ajuda para compreender a outra pessoa. Tente não se defender nem discordar.

4. Repita o posicionamento da outra pessoa com suas palavras, para mostrar que você entende.

5. Peça à outra pessoa que o corrija caso você tenha entendido alguma coisa errado e continue explicando o posicionamento dela.

6. Mencione o seu posicionamento apenas para dar continuidade à conversa.

7. Repita as etapas 1 a 6 até a outra pessoa ter certeza de que você compreendeu o que ela pensa.

No seu caderno ou diário, descreva uma situação em que você entrou em conflito com alguém e aplique os sete passos da primeira fase. Em outras palavras, escreva especificamente o que você poderia ter perguntado à pessoa para descobrir o ponto de vista dela. Por exemplo: "Você acha que, depois de uma longa semana de trabalho, seria bom passar um tempo relaxando em um bar antes de voltar para casa. É isso mesmo?" Tome cuidado para não usar nenhum tom ou emoção negativos ao fazer a pergunta.

Segunda fase: Explique o seu ponto de vista

1. Peça à pessoa que também escute você de forma justa.

2. Comece com uma explicação de como os pensamentos e sentimentos da outra pessoa afetam você.

3. Evite jogar a culpa no outro e ficar se defendendo.

4. Explique com cuidado os seus pensamentos, desejos e sentimentos como a *sua* verdade, não *a* verdade.

5. Peça repetições do seu posicionamento – e faça correções caso algo esteja incorreto – conforme necessário.

6. Revise seus respectivos posicionamentos.

A seguir, no seu caderno ou diário, escreva como você explicaria seu posicionamento na situação descrita na primeira fase. Use uma linguagem que mostre que esse é o seu enquadramento e evite defender a sua opinião como a verdade. Por exemplo: "No meu caso, depois de uma longa semana de trabalho, a única pessoa com quem quero passar tempo é você. É um jeito legal de começar o fim de semana. Você me entende?"

Terceira fase: Crie soluções

1. Afirme uma compreensão mútua e confirme que ambos estão prontos para cogitar opções para uma solução.

2. Converse sobre várias alternativas.

3. Caso ainda não tenha aparecido uma solução mutuamente aceitável, tente uma ou mais das seguintes opções:

   - Faça um intervalo para repensar as ideias, conversar, trocar propostas e depois voltar ao assunto.
   - Aceite pedir ajuda a um juiz, mediador ou terapeuta neutro.
   - Chegue a um meio-termo entre soluções diferentes.
   - Reveze soluções diferentes.

- Ceda (por enquanto) assim que o seu posicionamento for completa e respeitosamente cogitado.
- Afirme seu poder opinativo após cogitar completa e respeitosamente o posicionamento da outra pessoa.
- Aceite que vocês não vão chegar a um acordo, mas que continuam se respeitando; então, se possível, sigam caminhos diferentes em relação à questão.

No seu caderno ou diário, reflita sobre várias soluções alternativas para a situação que você está usando como exemplo nesta seção. Caso esteja fazendo o exercício com outra pessoa, veja quais opções alternativas ela encontra.

Estilos de conflito

O leão. Dá mais valor a "vencer a discussão" do que ao relacionamento. Essa pessoa encara conflitos como competições. "Sei que eles vão mudar de ideia quando entenderem meu argumento." É uma mentalidade de "eu ganho/você perde".

O avestruz. Foge de conflitos sempre que pode. Para essas pessoas, entrar em conflito É o problema, e discutir não vale a pena, porque não vai mudar a situação. "Prefiro esquecer esse assunto." É uma mentalidade de "eu perco/você perde".

O cachorro. Dá mais valor ao relacionamento do que a qualquer outra coisa e cederá aos desejos da outra pessoa para manter a relação. É o exato oposto do leão. "Tudo bem, vamos fazer do seu jeito." É uma abordagem de "eu perco/você ganha".

O peixe. Concentra-se na colaboração e no trabalho em equipe, como um cardume. Essas pessoas querem debater opções diferentes para encontrar aquela que beneficia todos. É uma abordagem de "eu venço/você vence".

O camaleão. A pessoa que adota outros estilos momentaneamente para se comunicar com alguém que segue um estilo diferente.

No seu caderno ou diário, responda às seguintes perguntas:

1. Na sua vida, quem segue o estilo de conflito do leão?

2. Na sua vida, quem segue o estilo de conflito do avestruz?

3. Na sua vida, quem segue o estilo de conflito do cachorro?

4. Na sua vida, quem segue o estilo de conflito do peixe?

5. Na sua vida, quem segue o estilo de conflito do camaleão?

6. Qual é o seu estilo principal?

7. Qual é o seu estilo reserva?

Teoria do equilíbrio POX

Existem quatro conjuntos de relacionamentos que costumam ser *equilibrados*:
- P + O, P + X, O + X
- P - O, P - X, O + X
- P - O, P + X, O - X
- P + O, P - X, O - X

Também existem quatro relacionamentos que costumam ser *desequilibrados* e podem ser transformados nas relações equilibradas que acabamos de citar:
- P + O, P - X, O + X
- P + O, P + X, O - X
- P - O, P + X, O + X
- P - O, P - X, O - X

Você está assistindo aos comerciais na televisão quando um ator aparece e faz um discurso defendendo um político. No seu caderno ou diário, escreva a fórmula POX para cada uma das situações a seguir. Você: P; Ator: O; Político: X.

1. Você gosta tanto do político quanto do ator.

2. Você não gosta do ator, mas gosta do político.

3. Você não gosta nem do ator nem do político.

4. Você gosta do ator, mas não do político.

Como você tende a reagir em cada uma dessas situações?

Paz não é a ausência de conflitos, mas a presença de alternativas criativas para reagir aos conflitos, alternativas a respostas passivas ou agressivas, alternativas à violência.
– DOROTHY THOMPSON

PARTE QUATRO

Técnicas de escuta ativa

9

O fator Einstein: nunca pare de questionar

O importante é nunca parar de questionar.
– ALBERT EINSTEIN

**As três perguntas do imperador
(de Leon Tolstói)**

Um dia, certo imperador percebeu que, se soubesse a resposta para apenas três perguntas, tudo sempre daria certo:

1. Qual é o melhor momento para fazer cada coisa?

2. Quem são as pessoas mais importantes para trabalhar ao meu lado?

3. Qual é a atividade mais importante a ser feita em todos os momentos?

O imperador anunciou pelo reino que a pessoa que conseguisse responder essas perguntas ganharia uma enorme recompensa. Muitos leram o anúncio e foram imediatamente para o palácio, cada um com uma solução diferente.

Em resposta à primeira pergunta, uma pessoa aconselhou o imperador a elaborar um cronograma, associando cada hora, dia, mês e ano a determinadas tarefas, e depois segui-lo ao pé da letra. Só assim seria possível realizar cada tarefa no momento certo.

Outra pessoa argumentou que era impossível se planejar com antecedência e que o imperador devia abandonar todas as diversões mundanas e manter o foco em tudo que acontecia, para saber o que fazer em qual momento.

Outro súdito insistiu que, sozinho, o imperador jamais teria a perspicácia e a competência necessárias para decidir quando fazer todas as tarefas. O que ele precisava era reunir um conselho de sábios e depois agir de acordo com as instruções deles.

Uma quarta pessoa afirmou que certas questões exigem ação imediata e não poderiam esperar consultas. Se o imperador quisesse saber com antecedência o que aconteceria, deveria consultar magos e videntes.

As respostas para a segunda pergunta também não chegaram a um consenso.

Uma pessoa disse que o imperador precisava confiar plenamente em seus administradores, a segunda insistiu na fé em padres e monges, enquanto outras recomendaram médicos. Ainda havia aqueles que preferiam acreditar em guerreiros.

A terceira pergunta recebeu uma variedade semelhante de respostas.

Alguns diziam que a ciência era a atividade mais importante. Outros insistiam na religião. E também houve aqueles que alegavam que o mais importante era a habilidade militar.

O imperador não ficou satisfeito com nenhuma das respostas, e ninguém recebeu a recompensa.

Após várias noites de reflexão, ele decidiu visitar um ermitão que vivia em uma montanha e tinha fama de ser um homem iluminado. O imperador desejava encontrá-lo para fazer as três perguntas, apesar de saber que ele nunca saía das montanhas e só recebia os pobres, se recusando a lidar com pessoas ricas ou poderosas. Por isso, o imperador se disfarçou de camponês e ordenou que seus criados o aguardassem na base da montanha enquanto ele fazia a escalada sozinho para encontrar o ermitão.

Ao chegar ao lar do homem santo, o imperador o encontrou cavando uma horta em frente à sua cabana. Quando o ermitão viu o desconhecido, assentiu em cumprimento e continuou a cavar. Era perceptível que tinha dificuldade com o trabalho. Ele era um homem velho e, sempre que fincava a pá na terra, ofegava com força.

O imperador se aproximou e disse:

– Vim pedir ajuda com três perguntas: Qual é o melhor momento para fazer cada coisa? Quem são as pessoas mais importantes para trabalhar ao meu lado? Qual é a coisa mais importante a ser feita em todos os momentos?

O ermitão ouviu com atenção, mas apenas deu um tapinha no ombro do imperador e continuou cavando.

O imperador disse:

– O senhor deve estar cansado. Aqui, vou ajudá-lo com isso.

O ermitão agradeceu, entregou a pá ao imperador e se sentou no chão para descansar.

Após cavar duas fileiras, o imperador parou, se virou para o ermitão e repetiu as três perguntas. O ermitão continuou sem responder, mas levantou e apontou para a pá.

– Você pode descansar agora. Já consigo voltar ao trabalho.

O imperador continuou cavando. Uma hora se passou, depois outra. Por fim, o sol começou a se pôr atrás da montanha.

O imperador baixou a pá e disse para o ermitão:

– Vim aqui para descobrir se o senhor sabia as respostas para minhas três perguntas. Caso não saiba, por favor, me diga, para que eu possa voltar para casa.

O ermitão levantou a cabeça e perguntou ao imperador:

– Está ouvindo alguém correndo?

O imperador virou a cabeça. Os dois se depararam com um homem de barba branca e comprida saindo da floresta. Ele corria com ar desvairado, pressionando as mãos em um ferimento na barriga, que sangrava. O homem parou diante do imperador e, gemendo, desmaiou no chão. Ao abrirem as roupas do homem, o imperador e o ermitão encontraram um corte profundo. O imperador limpou completamente o corte e usou a própria camisa para fazer um curativo, mas o sangue a ensopou em poucos minutos. Ele lavou a camisa e enfaixou o ferimento pela segunda vez, repetindo o processo até o sangue parar de jorrar.

Por fim, o homem ferido recobrou a consciência e pediu água. O imperador foi correndo até o riacho e trouxe um jarro de água fresca. Enquanto isso, o sol havia desaparecido, e o ar noturno começava a esfriar. O ermitão ajudou o imperador a carregar o homem para dentro da cabana, onde o deitaram na cama. O homem fechou os olhos e ficou em silêncio. Após passar o dia escalando a montanha e cavando a horta, o imperador estava esgotado. Ele se apoiou na porta e caiu no sono. Quando acordou, o sol já havia nascido sobre a montanha. Por um instante, ele esqueceu onde estava e o que fora fazer ali. Olhou para a cama e viu que o homem ferido também o encarava com uma expressão confusa.

Com um olhar intenso, o homem sussurrou:

– Por favor, me perdoe.

– Por que você está me pedindo perdão? – perguntou o imperador.

– Vossa Alteza não me conhece, mas eu o conheço. Fui seu arqui-inimigo e jurei vingança, porque o senhor matou meu irmão e confiscou minhas terras na última guerra. Quando soube que Vossa Alteza vinha sozinho até a montanha para conversar com o ermitão, decidi preparar uma emboscada e assassiná-lo no seu caminho de volta. Após passar muito tempo esperando sem nenhum sinal de Vossa Alteza, saí do meu esconderijo para procurá-lo. Em vez de encontrá-lo, me deparei com seus criados, que me reconheceram e me atacaram. Por sorte, consegui fugir e cheguei aqui. Se eu não tivesse encontrado Vossa Alteza, com certeza estaria morto. Eu pretendia matá-lo. Em vez disso, o senhor salvou a minha vida! Estou envergonhado e mais agradecido do que seria capaz de expressar. Caso eu sobreviva, juro que vou servi-lo pelo resto dos meus dias e ordenarei a meus filhos e netos que façam o mesmo. Por favor, me perdoe.

O imperador ficou felicíssimo por conseguir se reconciliar com um antigo inimigo com tamanha facilidade. Ele não só perdoou o homem como também prometeu devolver todas as suas propriedades e enviar seu próprio médico e criados para cuidar dele até que estivesse completamente curado. Após ordenar a seus acompanhantes que levassem o homem para casa, o imperador foi falar com o ermitão. Antes de retornar para o palácio, ele queria repetir as três perguntas pela última vez. O ermitão estava plantando sementes na terra que tinham cavado no dia anterior.

Ele se levantou e olhou para o imperador.

– As suas perguntas já foram respondidas.

– Como assim? – questionou o imperador, confuso.

– Ontem, se você não tivesse ficado com pena de mim pela minha idade e me ajudado a cavar a horta, teria sido atacado por aquele homem no caminho para casa. Então se arrependeria profundamente de não ter ficado comigo. Portanto, o momento mais importante foi quando você estava cavando o canteiro, a pessoa mais importante fui eu, e a atividade mais importante foi me ajudar.

"Depois, quando o homem ferido veio correndo, o momento mais importante foi quando você fez o curativo no corte, pois ele teria morrido se não recebesse cuidados, e você teria perdido a oportunidade de fazer as pazes. Da mesma forma, ele foi a pessoa mais importante, e a atividade mais importante era cuidar do seu ferimento.

"Lembre-se de que só existe um momento importante, que é o agora. O presente é o único momento que podemos dominar. A pessoa mais importante é sempre aquela com quem você está, aquela diante dos seus olhos, pois quem sabe se você terá qualquer interação com outra pessoa no futuro? A atividade mais importante é deixar feliz a pessoa que está ao seu lado, uma vez que esse é o sentido da vida."

A Escada de Perguntas

Esse conto é profundo por vários motivos. Primeiro, ele ilustra o poder das várias perguntas diferentes que fazemos. Também ilustra o poder da escuta e de estar presente com a pessoa com quem você está se comunicando. E, é claro, ilustra o poder de fazer perguntas pertinentes e de escutar as respostas.

Neste capítulo explicaremos um modelo chamado Escada de Perguntas, que é uma forma de ajudar o ouvinte a fazer perguntas que levem a interações cada vez mais significativas.

A Escada de Perguntas é formada por três tipos de pergunta. Aqui vai uma ilustração:

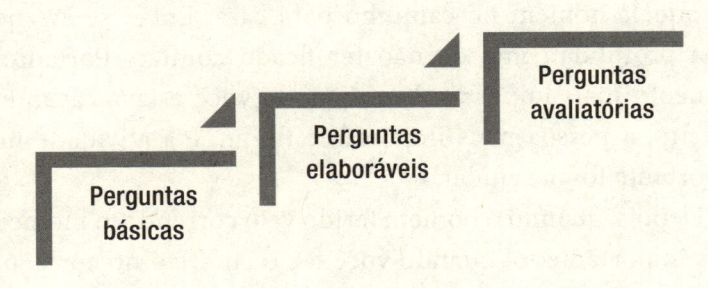

- Perguntas básicas
- Perguntas elaboráveis
- Perguntas avaliatórias

As *perguntas básicas* costumam ter respostas fechadas (isto é, breves e factuais). Elas determinam informações fundamentais. Alguns exemplos:

"Para quando você precisa disto?"
"Quem vai tomar a decisão final?"
"Como você executa este processo atualmente?"

As *perguntas elaboráveis* costumam ter respostas abertas (isto é, geram comentários em vez de apenas uma resposta simples). A intenção é obter mais detalhes sobre as informações básicas que já descobrimos ao incentivar a pessoa a explicar a importância das informações.

"O que vai acontecer se você conseguir...?"
"Como você acha que isso afetaria o departamento?"
"Entre as questões que você mencionou, qual é a mais urgente?"

As *perguntas avaliatórias* permitem que a outra pessoa compartilhe seus pensamentos e opiniões. Elas são mais úteis para se ter uma comunicação significativa.

"O que você acha disto?"
"Consegui amenizar suas preocupações?"
"Como isto ajudaria você?"

É comum as pessoas responderem à pergunta que acham que você está fazendo em vez da que você realmente fez.

No conto apresentado no começo do capítulo, um dos problemas do imperador ao fazer as perguntas era que seus súditos não entenderam o que ele queria saber. Todos pensaram que ele fazia perguntas básicas. ("Quem são as pessoas mais importantes para trabalhar ao meu lado?" "Administradores.")

O imperador achou que estava fazendo perguntas elaboráveis ("Qual é a atividade mais importante?"). O ermitão entendeu que o imperador, na verdade, estava fazendo uma pergunta avaliatória e, portanto, deu uma resposta significativa. ("A atividade mais importante é deixar feliz a pessoa que está ao seu lado, uma vez que esse é o sentido da vida.")

Erros de escuta

Para garantir que você está fazendo as perguntas certas para a ocasião e respondendo a elas, há vários *erros de escuta* que devem ser evitados, com base em quanta atenção você oferece à outra pessoa.

A *escuta inicial* acontece quando escutamos as primeiras palavras que alguém diz e imediatamente começamos a pensar em como queremos responder. Então esperamos uma brecha para interromper. Nesse caso, não estamos escutando, porque passamos mais tempo ensaiando o que desejamos dizer sobre o argumento inicial.

Escuta seletiva significa prestar atenção em coisas específicas e ignorar outras. Nós escutamos aquilo que desejamos escutar e ignoramos todo o restante.

A *escuta falsa* ocorre quando alguém finge ouvir sem realmente escutar o que é dito. Um ouvinte falso pode assentir e sorrir em todos os momentos certos sem absorver nada. Vimos um exemplo disso no Capítulo 3, com Leah. No entanto, a escuta falsa não é necessariamente ruim. É uma habilidade que pode ser muito útil para pessoas que precisam ouvir coisas que não interessam. Políticos são um bom exemplo. Quando alguém fala com eles, seu objetivo pode ser passar uma boa impressão em pouquíssimo tempo e depois seguir em frente. Eles nunca mais encontrarão aquela pessoa. Porém, caso você queira ter uma interação significativa, a escuta falsa deve ser evitada.

A *escuta parcial* é algo que a maioria de nós faz na maior parte do tempo. Somos bem-intencionados ao ouvir a outra pessoa, mas nos distraímos. Depois, nos perdemos em nossos próprios devaneios antes de voltar a escutar. Isso pode ser problemático quando a outra pessoa muda de assunto e não conseguimos encontrar o fio da meada. Também pode ser vergonhoso caso a outra pessoa pergunte a sua opinião ou peça um conselho de repente. Se isso acontecer, a melhor solução é admitir que você se distraiu. Peça educadamente à pessoa para repetir o que disse.

A *escuta completa* acontece quando o ouvinte oferece atenção plena e cuidadosa ao falante. Significa tentar compreender todo o conteúdo que a outra pessoa está tentando transmitir. Essa é uma forma de escuta muito ativa, com pausas para fazer resumos e verificar se tudo foi compreendido. A escuta completa exige muito mais esforço do que a escuta parcial. É necessário manter a concentração por um período prolongado.

A *escuta profunda* é o nível em que você escuta não apenas aquilo que é dito, como também tenta compreender totalmente a pessoa por trás das palavras. Para escutar de forma profunda, é preciso prestar atenção nas palavras e no interlocutor. É difícil convencer as pessoas de que você as respeita apenas afirmando isso. É mais fácil transmitir essa mensagem ao demonstrar respeito nas suas atitudes. A escuta profunda faz isso de um jeito bem eficiente.

Falhas na comunicação

Há certas frases que podem interromper instantaneamente a comunicação entre duas pessoas. Aqui vai uma lista com várias delas:

1. Não seja ridículo.
2. Vai ser caro demais.
3. Isso não é minha responsabilidade.
4. Não temos tempo.
5. Nunca fizemos isso.
6. Não é assim que fazemos as coisas.
7. O que não tem remédio remediado está.
8. Não estamos prontos para isso.
9. É difícil mudar hábitos.
10. Isso nunca vai ser vendido.
11. A empresa toda vai rir da nossa cara.
12. Já tentamos fazer isso e não deu certo.
13. Isso é impossível.
14. Seria uma mudança radical demais.
15. Isso faria nosso equipamento atual parecer obsoleto.
16. O problema não é nosso.
17. Vamos voltar para a realidade.
18. Vamos eleger um comitê para decidir.
19. Preciso rever os dados.
20. Não está previsto no nosso orçamento.
21. As coisas sempre deram certo sem isso.

22. Não vai dar certo aqui.
23. Tudo bem, mas, se não der certo, a culpa será sua.
24. Eu não concordo, mas, se você insiste...
25. Ficou doido?

Caso você se pegue dizendo alguma dessas coisas, pare. É provável que a outra pessoa se sinta "ignorada". No entanto, se alguém disser algo assim para você, insista um pouco para ver se é possível passar por cima da falha na comunicação.

Geradores de respostas

Para subir um degrau na Escada de Perguntas e permanecer dedicado ao processo de escuta, você pode usar os seguintes geradores de resposta para ajudar a outra pessoa a se abrir e falar mais. Isso seria especialmente útil ao responder a quaisquer frases de falha na comunicação.

- Ah, é?
- De que forma?
- Como?
- Conte mais.
- Dê um exemplo.

Quando você faz essas perguntas, a outra pessoa é impulsionada a sair das perguntas básicas e passar para as elaboráveis, e das elaboráveis para as avaliatórias.

A *innerview* (A visão interior)

Ter uma compreensão profunda dos outros nos permite escutar de forma mais eficiente, e a melhor forma de fazer isso é com perguntas pertinentes. A Dale Carnegie Training desenvolveu uma técnica chamada *innerview*, uma série de perguntas projetadas para que um ouvinte faça questionamentos eficientes. Nesse processo, há três categorias básicas.

Perguntas factuais. Questões de típica natureza coloquial, que giram em torno de informações factuais.
- Onde você cresceu?
- Onde você estudou?
- Como vocês dois se conheceram?

Perguntas causais. Determinam o motivo ou os fatores causais por trás de algumas respostas às perguntas factuais.
- Por que seus pais se mudaram para lá?
- Por que você foi para essa escola específica?
- Como você conseguiu esse emprego?

Perguntas baseadas em valores. Ajudam você a compreender o enquadramento da outra pessoa.
- Fale de uma pessoa que impactou muito a sua vida.
- Se você pudesse fazer tudo de novo, o que mudaria?
- Qual foi a fase mais difícil da sua vida? Como você conseguiu superá-la?

Ter uma compreensão profunda dos outros nos permite escutar de forma mais eficiente, e a melhor forma de fazer isso é com perguntas pertinentes.

Perguntas e respostas

Agora é o momento de colocar em prática o que aprendemos. Usando o guia a seguir, classifique as perguntas. As respostas estão no fim da página.

Básica
Avaliatória
Elaborável
Factual
Causal
Baseada em valores

a. "Que horas é a reunião?"
b. "Como foi que o seu pneu furou?"
c. "Você prefere o azul ou o vermelho?"
d. "Por que você se tornou vegetariano?"
e. "Qual é o processo para solicitar peças extras?"
f. "Qual carro você gostou mais de dirigir?"

Este foi um capítulo cheio de informações, e por um bom motivo. As perguntas que fazemos vêm dos enquadramentos com que

a. Factual; b. Causal; c. Avaliatória; d. Baseada em valores; e. Básica; f. Elaborável.

enxergamos o mundo. Para escutar de forma eficiente e entrar no enquadramento da outra pessoa, precisamos conseguir fazer perguntas significativas e apropriadas.

No próximo capítulo, trataremos de um assunto igualmente informativo: a escuta por meio da linguagem corporal.

> *O cérebro nasceu para fazer perguntas, pelo menos*
> *quando somos pequenos. Para crianças, buscar explicações*
> *é uma necessidade tão profundamente enraizada*
> *quanto buscar alimentos ou água.*
> – ALISON GOPNIK

10

Cara de paisagem

Há quatro formas, e apenas quatro formas, de entrar em contato com o mundo. Nós somos avaliados e classificados de acordo com esses quatro contatos: o que fazemos, a imagem que passamos, o que dizemos e como dizemos.
– Dale Carnegie

Robert, ex-policial, está prestes a conhecer o namorado da filha. Emily tem 16 anos, e o namorado, Joey, completará 18 em poucos meses. Joey já esteve com a mãe de Emily, Wendy, várias vezes, mas esse será seu primeiro encontro com Robert.

Wendy e Emily passaram o dia inteiro falando de como Joey é legal e de como ele está animado para conhecer Robert.

– Vamos ver – diz Robert apenas.

Ele não é só um pai protetor. Também é um especialista em interpretar linguagem corporal não verbal.

A campainha toca, e Robert atende.

– Oi, sr. Stevenson. Eu sou o Joey. É um prazer conhecê-lo. – Joey estende a mão para um cumprimento e abre um largo sorriso para Robert.

– Entre, rapaz. Sente-se.

Joey desfila até o sofá, senta-se e cruza as pernas, esticando um braço sobre o encosto.

Ele parece bem confiante, pensa Robert.

– Então, me fale um pouco de você, Joey. Como estão as suas notas na escola?

A voz de Joey permanece firme quando responde:

– Boas, boas. Entrei na lista dos melhores alunos no último semestre.

Joey levanta as sobrancelhas e começa a esfregar os dedos.

Que interessante. Ele não estava demonstrando nenhum sinal de estresse antes de eu perguntar sobre as notas, pensa Robert.

– Você teve alguma namorada séria antes da Emily?

Joey se inclina para a frente, passa a mão pelo cabelo e responde:

– Hum... não. Não de verdade. Namorei com uma garota no primeiro ano, a Tiffany. Não durou muito. Estou mais interessado na escola.

Joey umedece os lábios, que desaparecem quando ele para de falar.

O garoto está ficando cada vez mais nervoso. Vamos ver se ele só está com medo de mim ou se está mentindo sobre as notas ou outras namoradas.

– Você vai assistir à final do campeonato no fim de semana? Que bom que nosso time foi classificado.

Joey dá uma risadinha, se recosta no sofá, e seu corpo inteiro relaxa.

– Vou. Meu pai dá uma festa todo ano. A família inteira vai lá pra casa. Na verdade, eu queria convidar a Emily. Com a sua permissão, claro... senhor.

Nesse momento, Emily e Wendy entram na sala.

– Chega de conversa. A Emily e o Joey vão se atrasar para o cinema!

Enquanto os dois adolescentes vão embora, Wendy toca no braço do marido e diz:

– Eu não falei? Ele não é um menino legal?

Talvez, pensa Robert. *Mas notei alguns sinais de alerta. Vou ficar de olho nele, só para garantir.*

Como escutar sem palavras

Sabe-se que apenas 7% daquilo que comunicamos é transmitido pelas palavras que pronunciamos, 38% pelos tons de nossa voz e 55% ficam por conta do comportamento não verbal. Embora os valores possam variar dependendo da fonte, está claro que boa parte da escuta vem de observar a situação, e não só as palavras da outra pessoa.

Na história anterior, Joey deu sinais claros de quando se sentia confortável e desconfortável. Robert conseguiu "enxergar além" das palavras dele e escutar as informações que Joey transmitia de forma não verbal. Ele sabia quais sinais buscar pela observação.

Comunicação não verbal é qualquer parte da conversa que não seja uma palavra.

As dez regras básicas da observação

No livro *O que todo corpo fala: um ex-agente do FBI ensina como decodificar a linguagem corporal e ler as pessoas*, Joe Navarro, ex--agente do FBI e especialista em linguagem corporal, apresenta dez regras básicas da observação para usar quando você estiver prestando atenção na comunicação não verbal:

1. Você precisa ser um observador competente. Isso significa olhar ao redor e observar o mundo o tempo todo.

2. É preciso observar todas as comunicações não verbais em seu contexto. Ele vem da totalidade do que está acontecendo na vida da pessoa.

3. É importante determinar se um comportamento vem do cérebro ou se é cultural.

4. Essa pessoa tem comportamentos diferentes? A maioria das pessoas apresenta certos comportamentos a que recorrem repetidas vezes.

5. Caso você esteja buscando comunicações não verbais indicativas de pensamentos, emoções ou intenções, é melhor buscar um conjunto de comportamentos e não se basear apenas em uma coisa.

6. Pergunte a si mesmo: "Qual é o comportamento normal dessa pessoa ou nessa situação?"

7. Também pergunte a si mesmo: "Quais comportamentos se afastam do normal?"

8. Concentre-se nas prioridades. Para isso, considere que as expressões imediatas são as mais precisas e use essa informação ao analisar a comunicação não verbal.

9. As observações que fazemos não devem ser intrusivas.

10. Quando você observar um comportamento, se não tiver

certeza do seu significado, sempre o classifique em uma de duas categorias. Ele se encaixa em *conforto* ou em *desconforto*? Uma dessas coisas sempre é verdadeira.

Na nossa história de abertura, Robert precisava determinar se comportamentos específicos de Joey ocorriam pelo nervosismo normal de conhecer o pai da namorada ou se tinham relação com assuntos específicos, como suas notas ou namoradas anteriores. Embora os sinais de desconforto nesses assuntos não signifiquem automaticamente que Joey estava mentindo, com certeza deixam Robert desconfiado. Nesse caso, ele usou uma pergunta neutra – sobre a final do campeonato – para medir o nível de conforto geral de Joey.

O corpo fala

Como boa parte da escuta requer a observação de sinais não verbais, é interessante saber no que prestar atenção. Mais uma vez, é importante avaliar esses itens no contexto das dez regras básicas.

Aqui vão alguns sinais curiosos que podem ajudar você a avaliar o nível de conforto e desconforto da outra pessoa durante uma conversa.[6]

Pés

Os pés podem indicar emoções. Por exemplo, quando uma pessoa está de pé e apoia um pé no calcanhar, deixando os dedos para cima, isso indica emoções muito positivas. Caso ela esteja batendo o pé, está impaciente ou nervosa.

Os pés também indicam intenções. Digamos que você esteja conversando com alguém, e essa pessoa de repente começa a apontar um pé para a porta. Esse é um sinal muito certeiro da mensagem "Preciso ir embora".

Pernas

Quando cruzamos as pernas, geralmente estamos indicando conforto. É um sinal de aconchego, e costumamos observá-lo em grupos de pessoas que gostam mesmo umas das outras. Na história anterior, Joey cruzou as pernas porque estava pouco nervoso. Ele as descruzou quando se sentiu desconfortável com as perguntas de Robert.

Braços

Uma das formas mais poderosas de usar nossos braços se chama *mãos nos quadris*. Na maioria das vezes, ao ver alguém de pé com as mãos nos quadris, apontando os cotovelos para fora, com as pernas levemente afastadas, você pode interpretar isso como uma pose territorial. É isso que vemos quando alguém está no comando, quando manda na situação. É uma presença de autoridade. Também pode indicar um problema com a situação.

No entanto, caso você queira transmitir que está interessado e aberto, mude a posição das suas mãos, posicionando os dedões na direção do interlocutor.

Cruzar os braços pode ter conotação positiva ou negativa. Para determinar se o significado é bom ou ruim, observe a pressão das mãos. Pessoas que conversam com os braços cruzados e os apertam com muita força geralmente estão indicando algo muito negativo.

Fora isso, o gesto não é necessariamente associado a algo ruim. Uma pessoa pode estar de braços cruzados, recostada na cadeira, e estar muito relaxada. Em um ambiente social com outras pessoas ao redor, fazer isso pode nos dar algum conforto.

Nos momentos em que desejamos criar uma barreira psicológica, colocamos um objeto como um travesseiro, um cobertor ou um casaco sobre os braços ou o torso.

Mãos

As mãos são ótimos indicadores de mensagens não verbais. No exemplo do começo do capítulo, Joey trocou um aperto de mão firme com Robert. Apertos de mão firmes são sinal de dominância e agressão. Apertos de mão flácidos indicam timidez. Mulheres com apertos de mão fortes indicam que estão abertas a novas experiências. O mesmo não pode ser dito dos homens. Chefes tendem a apresentar apertos de mão mais firmes do que seus subordinados, e amigos exercem uma pressão igual ao apertarem mãos. Portanto, quando Joey apertou a mão de Robert como se eles fossem iguais, isso ligou o alerta de Robert. Aquela era uma situação de desequilíbrio de poder, e o aperto de mão extremamente firme de Joey indicava que ele poderia estar se esforçando demais para transmitir confiança.

Além disso, um aperto de mão rápido indica falta de interesse ou entusiasmo. Um aperto de mão levemente mais demorado do que o normal é sinal de dominância.

Quando demonstramos amor – ao segurar uma criança no colo, ao dar um abraço em alguém querido –, tendemos a tocar na outra pessoa com toda a palma das mãos. Nossa pele toca completamente nesse ente querido, seja sua mãe, sua avó ou o rosto amoroso de uma criança. Então, se alguém diz que ama você, veja se ela usa a mão aberta para tocá-lo.

Outra informação que as mãos transmitem é a *precisão*. Quando unimos os dedos, indicamos precisão.

Podemos falar de algo expansivo com as mãos espalmadas, esticando os dedos ao máximo, e somos transportados para algo diferente quando usamos mãos expressivas. Observe que políticos costumam ter esse hábito.

As *mãos em campanário* ocorrem quando unimos os dedos mas não deixamos as palmas se tocarem, de forma que os dedos pareçam o campanário de uma igreja. Na verdade, esse é o gesto mais poderoso que temos para demonstrar confiança. Ele mostra que temos muita certeza daquilo que estamos falando.

As mãos em campanário são o gesto mais poderoso que temos para demonstrar confiança.

Ombros

Imagine que alguém pergunta para uma adolescente: "Seu irmão já chegou da escola?" Ela ergue um ombro e responde: "Sei lá." Agora, imagine que alguém faz a mesma pergunta e ela responda erguendo os dois ombros e exibindo a palma das mãos ao dizer: "Sei lá." Qual das duas opções é mais verossímil?

Pescoço

O pescoço é um dos lugares que costumamos tocar para nos acalmar em momentos de estresse. Massagear a nuca enquanto fala é um sinal clássico de desconforto.

Quando mulheres se sentem inseguras, quando estão estressadas, ansiosas ou se sentem ameaçadas, cobrem uma pequena área chamada *fúrcula esternal* – a cavidade grande e visível entre o pescoço e a clavícula – com a ponta dos dedos ou com a mão.

Cabeça

Esse é outro membro que pode indicar se alguém está escutando o que você diz ou que pode ser usado para transmitir que você está prestando atenção. Durante uma conversa, em algum momento, sua cabeça começa a pender confortavelmente para o lado enquanto você escuta a outra pessoa. Caso algo que você considera inútil seja mencionado, sua cabeça se empertigará no mesmo instante.

Testa

A testa é um dos lugares no corpo em que mais se enxerga ansiedade. Ela nos dá, em tempo real, uma compreensão muito exata dos pensamentos e sentimentos de uma pessoa. Por meio dela podemos detectar com clareza e facilidade quando há estresse, quando há conforto, quando as coisas não estão acontecendo do jeito certo ou quando algo incomoda. Na história, Joey levantou as sobrancelhas, e sua testa indicou ansiedade em relação ao que ele estava dizendo. Isso, em conjunto com o fato de que se inclinou para a frente e passou as mãos pelo cabelo, tentando se acalmar, indicou a Robert que Joey não se sentia confortável com a conversa.

Olhos

Embora a maioria das pessoas ache que os olhos piscam apenas para se lubrificar, o gesto é, na verdade, um mecanismo de bloqueio muito eficiente. Na maioria do tempo, quando escutamos algo de que não gostamos, fechamos os olhos. Pode ser apenas por um milésimo de segundo ou por mais tempo, mas esse é um dos mecanismos de bloqueio que o cérebro humano encontrou para se proteger.

Muitas vezes, quando recebe más notícias ou é informado

sobre algo estressante, você fecha os olhos para processar a informação. Então, se alguém estiver escutando você e fechar os olhos, nem sempre isso significa que a pessoa não está prestando atenção. Talvez ela simplesmente não goste do que ouviu.

Sobrancelhas

Esse é um dos gestos cômicos clássicos para indicar interesse: um homem olha para uma mulher, faz um sinal com a cabeça e levanta as sobrancelhas como se dissesse: "E aí?" Erguer as sobrancelhas é um sinal de conforto ou interesse.

Imagine conhecer alguém que mantém os olhos imóveis enquanto vocês trocam um aperto de mão e depois conhecer outra pessoa que ergue as sobrancelhas quando vocês se encaram. Qual desses comportamentos indica mais atenção?

Boca

Quando nos deparamos com um sorriso verdadeiro, sincero, os músculos ao redor dos olhos participam do processo. Em um sorriso verdadeiro, os cantos da boca se erguem na direção dos olhos, que refletem o sorriso, porque muitos dos músculos dos olhos também se movem. Infelizmente, também é assim que ficamos com pés de galinha.

O sorriso falso – o social – é aquele que move os cantos da boca na direção das orelhas, mas não envolve os olhos. Essa é uma forma de avaliar emoções verdadeiras. Enquanto Robert e Joey conversavam, Joey abriu um largo sorriso, e Robert ficou atento para ver se o sorriso alcançava os olhos do garoto. Se isso acontecesse, significava que ele estava verdadeiramente animado para conhecê-lo. Se não acontecesse, ele estava dando um sorriso falso para transmitir uma impressão positiva.

Lembre também que, em certo momento da conversa, os lábios de Joey pareceram desaparecer. Os lábios desaparecem por causa do alto grau de estresse da pessoa. Isso não tem nada a ver com fingimento. Não tem nada a ver com falar a verdade ou mentir. Quando você nota que os lábios sumiram, o nível de estresse está elevado. Tensão nos lábios indica tensão mental, e os cantos da boca curvados para baixo são um indicativo de que as emoções estão muito para baixo.

Morder a boca e a bochecha também podem ter conotações diferentes. Essa é a importância de observar o contexto dos gestos. Por exemplo, George W. Bush mordia o interior da bochecha quando se sentia muito nervoso ou ansioso, e Bill Clinton tinha tendência a morder o lábio inferior para demonstrar sinceridade.

Queixo

Todos nós já vimos o gesto clássico de professores ou terapeutas: tocar no queixo ou acariciar a barba (real ou imaginária). Tocar no queixo é associado a um estado pensativo, reflexivo, à contemplação e à precisão de ideias.

Esse gesto deve ser diferenciado do que acontece quando as pessoas tocam no rosto, especialmente perto do maxilar. Quando tocamos no maxilar, geralmente estamos tentando nos acalmar, mas queremos mostrar que estamos pensando em algo ao tocarmos na pequena área estreita com cerca de cinco centímetros de largura no queixo. Na nossa história, Joey tocou no maxilar quando as perguntas de Robert o deixaram nervoso.

Assim, quando você observar alguém tocando no queixo, isso não significa que a pessoa está se acalmando, mas que está pensando. Se ela tocar no maxilar, é mais provável que esteja se tranquilizando.

O queixo também pode indicar confiança ou insegurança. Quando estamos fortes e confiantes, projetamos o maxilar. Quando estamos fracos e inseguros e quando nos falta confiança, encolhemos o queixo.

*Um borrão de piscadelas, cutucões, rebolados,
giros e mudanças... a linguagem de
alguém que deseja com todas as forças estar
em outro lugar.*
– EDWARD R. MURROW

Embelezamento

No reino animal, isso acontece o tempo todo. Animais se arrumam em uma tentativa de parecerem atraentes para o sexo oposto. Seres humanos também são animais, mas, em vez de estufar as penas, ajeitamos o cabelo, os óculos ou as joias ou endireitamos a gravata.

O embelezamento, quando ocorre assim, envia uma mensagem muito poderosa para as outras pessoas ao nosso redor. No sentido subconsciente, nós transmitimos: "Dou tanta importância à sua presença que dedico energia a me embelezar para você." Também existem comportamentos de embelezamento negativos, especialmente quando uma pessoa começa a ajeitar a outra. Isso acontece com frequência em filmes. O vilão tenta intimidar alguém. Ele começa a limpar uma poeira na roupa da outra pessoa ou arruma os óculos dela. É um sinal de desrespeito e, quando a outra pessoa permite que ele continue, é um sinal claro de não ter poder naquela situação.

Tranquilização

Costumamos pensar na tranquilização como algo que bebês fazem para se acalmar, como chupar o dedo ou brincar com mechas de cabelo. Apesar de notarmos esses comportamentos em crianças pequenas, eles também se perpetuam pela vida adulta. Aqui vão alguns exemplos. Se você perceber uma pessoa fazendo isso, significa que ela está ansiosa.

- Esfregar a testa
- Mexer no cabelo
- Esfregar o nariz
- Massagear o nariz
- Cutucar o lábio superior
- Acariciar o queixo
- Esfregar as orelhas
- Puxar o lóbulo da orelha
- Girar um lápis
- Abrir um clipe
- Manusear um elástico
- Esfregar os dedos
- Manusear joias (girar um anel ou puxar um colar)

O uso da comunicação não verbal para mostrar que está ouvindo

Boa parte do que explicamos até aqui se refere a observar a comunicação não verbal para escutar o que está sendo dito, sem palavras, pelo falante.

Você também pode usar esse recurso para mostrar à outra pessoa que está prestando atenção nela.

Ao escutar, use a comunicação não verbal para CAPTAR o posicionamento dos outros, dando a entender que se importa com eles. CAPTAR significa:

C = contato visual
A = assentir
P = postura aberta
T = tocar
A = curvar-se para a frente
R = rosto sorridente

Neste capítulo, falamos como a observação da linguagem corporal é importante para a escuta.

No próximo, debateremos o seguinte problema: como você pode "escutar" outra pessoa com exatidão quando não está fisicamente ao lado dela?

11

A escuta no novo milênio

Redes sociais são apenas plataformas. O Twitter é uma forma muito simples e imediata de expor suas opiniões. O Facebook é um jeito muito pessoal, quando se trata de amigos, e um pouco menos quando se trata de páginas de interesses, mas, ainda assim, uma forma muito pessoal de se comunicar.
– MARK CUBAN

> Oi, Rob. Então, eu queria avisar que eu e o Chris começamos a sair e o negócio está ficando bem sério.

> O Chris que dividia o quarto comigo na faculdade? O que eu apresentei para você na festa de Ano-Novo, quando você ainda era MINHA NAMORADA?

> É, esse Chris. Mas olha só, foi você quem terminou comigo, por isso não achei que você ficaria chateado se rolasse alguma coisa com ele. No começo, a gente não pretendia que fosse nada sério. Só estávamos curtindo juntos.

> Rachel, você lembra POR QUE terminei nosso namoro? Peguei você mandando mensagens para o meu irmão!

> Você sabe muito bem que uma coisa não tem nada a ver com a outra.

> Bom, meus parabéns. Estou muito feliz por vocês. Espero que dê certo.

> Valeu, Rob! Eu sabia que você entenderia. ☺

Comunicação escrita: o formato mais incompreendido

A esta altura, todo mundo já passou por essa experiência em algum momento. Dizemos ou respondemos a algo por mensagem ou e-mail. A outra pessoa não entende o que queríamos dizer e, quando vemos, estamos brigando feio.

A situação anterior é apenas um exemplo. Sem a vantagem dos sinais não verbais e das diferenças de tom como a modulação, o volume e o ritmo da voz, é muito fácil não entender comunicações feitas por escrito.

Esse problema não vai desaparecer. Enquanto escrevo isto, o Facebook tem cerca de 2 bilhões de usuários ativos todo mês.

Isso sem contar o Twitter, o Instagram e os sites de relacionamentos. Se acrescentarmos os milhões de e-mails e mensagens trocados todo santo dia, não é de admirar que a comunicação por escrito seja responsável por tantos conflitos.

Como transmitir emoções por escrito

A situação do começo do capítulo ilustra os desafios que encontramos ao tentar transmitir emoções por texto. Rachel conta para o ex-namorado, Rob, que começou a sair com um conhecido dele. Essa é a mensagem. Sem os sinais contextuais que normalmente receberíamos em uma conversa presencial, ficamos sem saber o enquadramento dela. Como ele afeta a maneira como a mensagem é codificada, ainda mais se tratando de uma mensagem difícil, essa é a primeira oportunidade para surgir um conflito. Qual foi a motivação de Rachel para contar isso a Rob? Ela é sem noção ou quis ser gentil e dar a notícia a Rob antes que outra pessoa o fizesse? Ou ela descobriu que ele também está com outra pessoa e está contando a Chris para se vingar, apesar de tentar parecer simpática?

Como aprendemos, sinais contextuais em uma conversa verbal podem permitir que o receptor compreenda o enquadramento do emissor. Sem isso, cabe ao ouvinte interpretar o que escuta.

Além disso, o enquadramento do receptor influencia como a mensagem é codificada. No nosso exemplo, Rob demonstra três respostas diferentes que se baseiam na maneira como ele decodificou a mensagem. Como Rachel é sua ex-namorada e tem um histórico de trocar mensagens inadequadas com outros homens (lembre que, se temos um histórico ou se repetimos o mesmo tipo de interação com alguém, tendemos a enxergar TODAS as nossas interações com essa pessoa por meio desse enquadramento), ele conclui que a notícia é negativa.

A teoria do equilíbrio[7] de Heider nos ensina que, se Rob tivesse uma opinião positiva de Rachel, teria mais facilidade para aceitar o novo relacionamento.

Amigos de amigos

Em um episódio da série *Friends*, da década de 1990, os personagens Ross e Monica, que são irmãos, conversam sobre ela ter se apaixonado por um amigo em comum, Chandler.

No começo, ele fica chocado e magoado e usa um tom raivoso:

Ross: Meu melhor amigo e minha irmã. NÃO ACREDITO!
Monica: Sinto muito, mas é verdade. E eu também o amo.

Em seguida, Ross fica maravilhado ao entender que duas pessoas que ele ama estão apaixonadas e seu tom se torna feliz:

Ross: Meu melhor amigo E minha irmã! Não acredito!
E os três se abraçam.

Agora, imagine se essa conversa tivesse acontecido apenas por mensagem ou outro recurso escrito. Não haveria como Monica saber quais são os sentimentos de Ross em relação a seu namoro com Chandler. Ela precisa ver sua linguagem verbal e ouvir sua entonação.

> Sem os sinais contextuais que normalmente receberíamos em uma conversa presencial, ficamos sem saber o enquadramento da outra pessoa.

Hoje não tem prova

Aqui vai um exemplo que você pode tentar. Leia a seguinte frase em voz alta de seis formas diferentes:

"Nós não faremos uma prova hoje."

1. Indicando surpresa.

2. Declarando um fato.

3. Indicando que faremos algo diferente de uma prova.

4. Indicando que outro grupo fará uma prova hoje.

5. Indicando que não faremos prova hoje de jeito nenhum.

6. Indicando que teremos mais de uma prova hoje.

Aqui vão as diferentes formas em que a ênfase pode afetar a interpretação da frase:

1. Indicando surpresa: Nós não faremos uma prova hoje? (Observe o ponto de interrogação.)

2. Declarando um fato: Nós não faremos uma prova hoje. (Sem nenhuma entonação.)

3. Indicando que faremos algo diferente de uma prova: Nós não faremos uma prova HOJE. (Observe a ênfase na palavra *hoje*.)

4. Indicando que outro grupo fará prova hoje: NÓS não faremos uma prova hoje. (Observe a ênfase na palavra *nós*.)

5. Indicando que não faremos prova hoje de jeito nenhum: Nós NÃO faremos uma prova hoje. (Observe a ênfase na palavra *não*.)

6. Indicando que teremos mais de uma prova hoje: Nós não faremos UMA prova hoje. (Observe a ênfase na palavra *uma*.)

O tom faz diferença

Aqui vão algumas formas de transmitir o tom (ou de compreender o tom de outras pessoas) em comunicações por escrito.

Use negrito e letras maiúsculas

Na situação do começo do capítulo, Rob usa letras maiúsculas para dar ênfase. Ao colocar MINHA NAMORADA em caixa-alta, ele enfatiza o fato de que Rachel tinha o hábito de dar em cima de outros homens enquanto os dois estavam juntos. Ao fazer isso, ele está basicamente gritando essas palavras.

Emoticons e emojis

É bem provável que você já tenha visto *emoticons* – ilustrações textuais de rostos – em mensagens eletrônicas. As mais comuns são:

:) *sorridente*, que significa "estou feliz".
;) *piscando*, que significa "estou brincando".
:(*chateado*, que significa "estou triste ou decepcionado".

Apesar de existirem muitos outros, desde *irritado* (>:-<) até *chocado* (:-0), esses são bem menos comuns e, assim, mais prováveis de serem interpretados do jeito errado.

Os smartphones têm emoticons gráficos, chamados de *emojis*, que facilitam a transmissão da entonação. Na situação apresentada no começo do capítulo, Rachel usou uma carinha sorridente para indicar que estava feliz com o fato de Rob aparentemente ter aceitado seu namoro. (No entanto, ela não notou o sarcasmo dele.)

Pontuação e abreviações

Outra forma de transmitir entonação em texto é com o uso de pontuação e abreviações.

Você provavelmente já viu *(?)* sendo usado para indicar incerteza, ou (PSC) quando alguém quer dizer "para seu conhecimento":

"Como é o nome do consultor que contratamos?"
"Vujicic (?). Ele virá na semana que vem (?) para começar a aplicação dos questionários (PSC)."

Apesar de o uso de "Ahn…" na comunicação verbal ser malvisto e considerado inapropriado em comunicações formais, a expressão pode ser útil em textos. Ela transmite um tom surpreso ou irritado:

"Quando é que você vai ligar para o jardineiro??"
"Ahn... fiz isso na semana passada."

Ou pode ser usado para transmitir incerteza:

"Quantas caixas de grampos você pediu?"
"Ahn... umas 17."

Uma das expressões mais usadas é *kkk*. A ideia é transmitir uma risada, e seu objetivo inicial era indicar humor. Hoje ela passou a amenizar declarações que poderiam soar ríspidas. "Não se atrase de novo" é bem diferente de "Não se atrase de novo kkk". A primeira frase soa irritada. A segunda, compreensiva.

Da mesma forma, *brinks* ainda costuma ser usada quando alguém exagera ou diz algo em tom brincalhão.

Usar termos amenizadores como esse pode ajudar muito a outra pessoa a compreender sua entonação.

Achamos que somos melhores do que realmente somos

Em geral, as pessoas costumam achar que são melhores em escutar e interpretar tons em mensagens escritas do que realmente são.

De acordo com um estudo publicado no *Journal of Personal Social Psychology*, voluntários mandaram dez frases por e-mail para um receptor. Algumas eram sérias; outras, sarcásticas. Os emissores acreditavam que o receptor identificaria corretamente a emoção por trás da maioria das mensagens. Na verdade, eles só conseguiram identificar seriedade ou sarcasmo em 56% dos e-mails, e quase por acaso.[8]

Quando as mesmas mensagens foram transmitidas por uma gravação de voz, os receptores interpretaram a emoção corretamente em 73% das ocasiões, resultado semelhante à expectativa dos emissores. Tons vocálicos capturaram as nuances emocionais que os e-mails não comunicavam. Os pesquisadores concluíram que, quando uma pessoa escreve uma frase sarcástica, mentalmente a escuta em tom sarcástico e, assim, acredita que os outros a interpretarão da mesma forma. Isso, é claro, tem relação com os enquadramentos diferentes de emissor e receptor.

Aqui vão algumas dicas para a comunicação por mensagem ou e-mail:

- Espere um pouco antes de responder uma mensagem que o irritou. Quando estiver com raiva, peça a um amigo confiável que leia suas respostas para se certificar de que você está transmitindo o tom que deseja.
- Use emoticons e emojis para comunicar emoções ou recorra a palavras como: "Estou feliz em informar que…"
- Letras maiúsculas e pontos de exclamação indicam urgência. Use-os com parcimônia.
- Utilize certos marcadores para indicar sua confiança na mensagem.

Quando você é o receptor

Ao receber uma comunicação por escrito que parece ríspida ou ofensiva, faça uma pausa antes de responder. Durante a pausa, analise seu enquadramento e reflita como ele pode estar afetando a sua interpretação. Pergunte a si mesmo: *Será que existe outra forma de compreender essa mensagem?*

Tente pensar em um enquadramento alternativo que seja mais positivo para o emissor. Aqui vai um exemplo: Larry e Tracy fizeram planos para o fim de semana e os dois estão fazendo muitas horas extras no trabalho.

Larry: Ei, você quer cancelar nosso passeio ao museu amanhã? Talvez você esteja cansada.

A reação inicial de Tracy é achar que Larry é quem está cansado e prefere cancelar o passeio, mas não quer dizer isso, então tentou parecer sensível às vontades dela. Partindo desse enquadramento, ela pode responder algo como:

Tracy: Olha, se você estiver cansado demais para ir, é só dizer. Não invente de cancelar nossos planos e fingir que é por minha causa.

Porém, se ela mandar essa mensagem, a situação provavelmente se tornará uma briga. Então ela questiona a suposição de que Larry está apenas FINGINDO se importar com suas necessidades. "E se ele realmente estiver sendo gentil?" Assim, ela envia a seguinte mensagem:

Tracy: Não estou cansada, obrigada por perguntar. Mas, se você estiver, podemos cancelar.

O rosto mutável da comunicação

O resumo da ópera é o seguinte: o advento dos e-mails, das mensagens de texto e das redes sociais mudou a forma como nos comunicamos. Para "escutar" de forma eficiente em comunicações por escrito, precisamos permanecer muito atentos a como nossos enquadramentos influenciam a interpretação do que lemos.

MEU REGISTRO DE ESCUTA, PARTE 4

A Escada de Perguntas

As perguntas básicas determinam informações fundamentais. As perguntas elaboráveis captam mais detalhes sobre as informações básicas que já descobrimos.
As perguntas avaliatórias permitem que a outra pessoa compartilhe seus pensamentos e opiniões.

No seu caderno ou diário, responda aos seguintes itens:

1. Dê um exemplo de pergunta básica que você tenha feito recentemente.

2. Dê um exemplo de pergunta elaborável que você tenha feito recentemente.

3. Dê um exemplo de pergunta avaliatória que você tenha feito recentemente.

Falhas na comunicação

Descreva uma ocasião em que você encerrou uma comunicação ao usar uma das falhas na comunicação.

Em seguida, descreva uma ocasião em que isso aconteceu com você.

A *innerview* (A visão interior)

A *innerview* é uma série de perguntas projetadas para que um ouvinte faça perguntas eficientes.

Escolha uma pessoa com quem praticar uma *innerview*. Anote suas experiências e reflexões no caderno ou diário.

Diferenças culturais na linguagem corporal

Saia em público e observe diferenças culturais e de outros tipos na linguagem corporal. No seu caderno ou diário, anote suas observações sobre as seguintes categorias de pessoas:

- Normas étnicas/raciais (por exemplo, asiáticos e árabes)
- Diferenças de gênero (homens e mulheres, assim como transexuais e pessoas não binárias)
- Cultura corporativa (por exemplo, um supermercado de comida orgânica e um supermercado convencional)
- Grupos políticos (por exemplo, políticos de esquerda e de direita)
- Geografia (por exemplo, Costa Oeste e Costa Leste dos Estados Unidos)
- Renda financeira (por exemplo, patrões e empregados)
- Grupos religiosos (por exemplo, católicos e evangélicos)

O método CAPTAR para escuta não verbal

C = contato visual
A = assentir
P = postura aberta
T = tocar
A = curvar-se para a frente
R = rosto sorridente

Pratique a técnica no trabalho e na vida pessoal: escolha uma pessoa com quem você já teve conflitos em cada situação e anote suas observações no caderno ou diário.

Comunicação por escrito

No seu caderno ou diário, responda às seguintes perguntas:

1. Houve alguma ocasião em que você brigou por mensagem de texto ou e-mail? Descreva-a.

2. Havia alguma outra forma de reenquadrar a intenção da outra pessoa? (Procure a conversa, se possível.)

3. Você poderia ter usado emojis, abreviações ou termos amenizadores para aliviar a situação?

Conclusão

Você é capaz de fazer mais amigos em dois meses apenas se interessando por outras pessoas do que consegue em dois anos tentando convencer os outros a se interessarem por você.
– Dale Carnegie

Bom, é isso. Agora você aprendeu tudo que precisava saber para se tornar um ouvinte mais eficiente. Nós analisamos os fatores que são influenciados pelo receptor, pela mensagem e pelo emissor e temos mais consciência dos momentos em que problemas de escuta podem ocorrer.

Aqui vão vários "mitos da escuta" que refutamos neste livro:

Primeiro mito. *Escutar significa concordar.* Com frequência, as pessoas dizem "Você não está me ouvindo!" quando querem dizer "Não consigo convencer você a concordar comigo!". Escutar e concordar são duas coisas diferentes.

Segundo mito. *Escutar exige muito esforço e trabalho.* Na realidade, são necessários apenas cerca de 45 segundos de escuta profunda e concentrada para que o falante se sinta ouvido.

Terceiro mito. *Fingir que está ouvindo é igual a escutar.* Mesmo quando uma pessoa faz contato visual, imita a linguagem corporal, repete o que acabou de ouvir para outra ou segue outros "trejeitos" da escuta, não necessariamente está escutando de verdade. Em vez de escutar, ela pode já estar pensando na resposta.

Quarto mito. *Escutar exige tempo demais.* Muitas vezes é difícil o ouvinte deixar a outra pessoa terminar de explicar seu argumento. Você já entendeu o que ela vai dizer e já sabe qual será a sua resposta. Por exemplo, uma criança diz para a mãe: "Mãe, no sábado, depois do basquete, posso…?" A mãe já sabe que o filho vai pedir para ir à casa de um amigo. Ela também sabe que planejou outra atividade na mesma hora. É tentador interrompê-lo e dizer: "Não, você não pode ir à casa do Johnny, nós vamos na vovó." Escutar vai além de ouvir as palavras da outra pessoa. É uma questão de fazer com que ela se sinta reconhecida. Por isso, a mãe precisa se controlar para deixar o filho terminar o pedido sem ser interrompido, mesmo sabendo o que será dito.

Como se tornar um ouvinte atento

Um ouvinte atento é aquele que compreende mais do que apenas o conteúdo de tudo que foi dito. Para isso, é preciso observar o comportamento, a linguagem, as expressões vocais, as pausas, a comunicação não verbal e outros sinais para captar a situação por inteiro.

O ouvinte atento consegue se afastar da situação e observar o falante, mesmo que não se interesse nem concorde nem um pouco com os comentários da outra pessoa. Por exemplo, digamos que seu marido e seus filhos adoram jogar videogame e você não tem o menor interesse por esse passatempo. Ser uma ouvinte atenta significa se afastar da situação e deixar que eles falem: "E aí eu marquei 14 fichas douradas, fui para a Roda das Maravilhas, onde o meu avatar…" A ouvinte atenta consegue fazer isso ao pensar: "Olha só como isso o deixa feliz. Ele está tão empolgado com as fichas douradas." *Ela* não se importa com as fichas; ela se importa por *ele* se importar. Isso faz seu filho se sentir valorizado e respeitado.

Barreiras à escuta atenta

Como descobrimos neste livro, existem várias barreiras à escuta atenta. Apesar de ser impossível controlar o enquadramento de outra pessoa, você pode mudar o seu. Talvez a forma mais fácil de identificar um enquadramento que precisa ser trocado é ouvir suas conversas interiores negativas. Muitas pessoas escutam as próprias conversas interiores críticas em vez de prestar atenção no falante. E a parte interessante é que as pessoas que apresentam conversas interiores muito negativas são as mais propensas a interpretar aquilo que você diz de um jeito negativo.

Outras barreiras à escuta atenta incluem: desejar defender os próprios interesses; experiências passadas; preocupação com as próprias necessidades; resistência; preconceito; erros passados; distração externa; e vieses e opiniões, assim como diferenças em estilos de comunicação. Estilos diferentes costumam ter dificuldade para se comunicar porque não conseguem "escutar" de acordo com o outro estilo.

Resumo

Apesar de a escuta ser só um dos lados da conversa, na maioria das vezes é o mais negligenciado. O primeiro passo para se tornar um ouvinte melhor é reconhecer que a escuta é um processo dinâmico. Trata-se de compreender os próprios filtros e enquadramentos, reconhecer os fatores que afetam a mensagem e desafiar suas presunções sobre os filtros e enquadramentos da outra pessoa.

Quando você se tornar um ouvinte melhor, terá o poder de mudar os seus relacionamentos.

> *Quando as pessoas falarem, escute por completo.*
> *A maioria das pessoas nunca escuta.*
> – Ernest Hemingway

Você consegue me escutar *agora*?

Para descobrir quanto você aprendeu com este livro, teste novamente suas habilidades de escuta e preencha o teste a seguir mais uma vez.

Responda às questões de acordo com a escala. Tente ser o mais sincero possível.

Nunca   Raramente   Às vezes   Com frequência   Com muita frequência

1. Quando estou conversando ao telefone, consigo responder a e-mails e mensagens ao mesmo tempo.

2. Ao escutar outra pessoa, começo a ficar nervoso e reagir de forma emocional.

3. Fico desconfortável com momentos de silêncio durante conversas.

4. Se considero relevante compartilhar uma história, interrompo a outra pessoa para contá-la e depois deixo que ela volte a falar.

5. As pessoas parecem ficar nervosas durante algumas conversas comigo, e isso acontece do nada.

6. Para manter o ritmo da conversa, faço perguntas que podem ser respondidas com um simples "sim" ou "não".

7. Banco o "advogado do diabo" para levar a outra pessoa a ver um lado diferente do que ela defende.

8. Se alguém quer conversar sobre o mesmo assunto o tempo todo, digo o que ela quer ouvir para cortar o papo.

9. Enquanto escuto, fico pensando no que vou responder para a outra pessoa.

10. Fico incomodado quando as pessoas falam de assuntos delicados comigo.

11. Se outra pessoa tem uma opinião diferente em relação a algo do qual tenho muita convicção, evito entrar nesse assunto.

12. Não presto muita atenção em detalhes como o ambiente da conversa ou a linguagem corporal. O que importa é o que a outra pessoa está falando.

13. Se a outra pessoa tem dificuldade para dizer algo, ofereço sugestões.

14. Se estou fazendo algo e sou interrompido por alguém que quer conversar, fico impaciente, desejando que a pessoa termine logo para que eu volte à minha tarefa.

Para saber sua nota, some a seguinte pontuação para cada resposta:

Nunca = 1 ponto
Raramente = 2 pontos
Às vezes = 3 pontos
Com frequência = 4 pontos
Com muita frequência = 5 pontos

INTERPRETAÇÃO DA NOTA
14-29: Medalha de ouro
Você já é um ótimo ouvinte. Tem a capacidade de fazer as pessoas se sentirem ouvidas e quererem chamá-lo para conversar. Você permanece emocionalmente presente e oferece sua atenção total às pessoas. Continue crescendo e evoluindo.

30-49: Medalha de prata
As pessoas gostam de conversar com você, mas às vezes, quando o assunto fica incômodo ou ganha uma carga emocional, você muda de assunto ou faz uma piada. As ferramentas e ideias neste livro o ajudarão a continuar crescendo e se tornar um ouvinte ainda mais eficiente.

50-70: Medalha de bronze
Se você está nesta categoria, talvez acredite ser um ouvinte melhor do que realmente é. Talvez esteja passando para as pessoas a sensação de que não se importa com o que elas dizem, ou pode interpretar as coisas do jeito errado com frequência. Mas não se preocupe. As coisas que aprendeu neste livro com certeza o ajudarão a se tornar um ouvinte melhor.

Intuição:
a arte de ouvir a si mesmo

> *É sempre com animação que acordo pela manhã*
> *pensando no que minha intuição jogará no meu caminho,*
> *como presentes vindos do mar. Trabalho com ela e*
> *confio nela. Somos parceiros.*
>
> – JONAS SALK

No dia 11 de setembro de 2001, Greer Epstein fez algo que raramente fazia: saiu do trabalho para fumar às 8h40 da manhã. Diretora-executiva da Morgan Stanley, com escritório no 67º andar da Torre Sul do World Trade Center, em Nova York, ela raramente tinha tempo para fazer um intervalo para fumar antes do almoço.

Porém, naquele dia fatídico, um colega telefonou para conversar sobre uma reunião de trabalho e sugeriu: "Vamos fumar?" Greer olhou pela janela e viu uma linda manhã – talvez o céu mais lindo que já tinha visto das janelas do escritório. Ela pensou: "Por que não?"

Descendo no elevador, ela sentiu um tranco, mas não se assustou muito, porque os elevadores viviam quebrando. Quando ela e o colega saíram do prédio, viram dezenas de pessoas olhando para cima, observando um buraco enorme na Torre Norte.

Ainda sem entender o que havia acontecido, ela pensou: "Como é que vão consertar uma coisa dessas?" Foi nesse momento que um avião acertou seu escritório na Torre Sul.

Aquele simples "Por que não?" salvou a vida de Greer Epstein.

Quase todo mundo já teve uma intuição em algum momento. Você pensa em alguém, e a pessoa liga. Você sente vontade de pegar um caminho diferente para o trabalho e descobre que houve um acidente no trajeto normal. Você conhece alguém e imediatamente tem a sensação de que não pode confiar na pessoa. Essas sensações são uma forma de conhecimento que não se baseia em uma avaliação consciente, mas parecem surgir do nada.

Conhecimento naval

Muita gente acha que a intuição é algo esquisito ou "místico". Porém, a ideia de que todos nós temos um sexto sentido está ganhando força nos lugares mais inesperados, incluindo a Marinha dos Estados Unidos.

A Marinha implementou um programa para investigar como membros das Forças Armadas podem ser treinados para aprimorar o sexto sentido, ou a capacidade intuitiva, durante combates e outras missões.[9]

O programa foi criado porque muitos soldados no Iraque e no Afeganistão voltaram ao país relatando que tiveram sensações inexplicáveis de perigo pouco antes de um ataque inimigo.

Uma matéria publicada no *The New York Times* citou a seguinte declaração do Departamento de Pesquisas Navais: "Pesquisas sobre o reconhecimento de padrões e a tomada de decisões dos seres humanos sugerem a existência de um 'sexto sentido' que pode ser usado para detectar e tomar decisões sobre padrões diferentes sem analisá-los de forma consciente e intencional...

"Há cada vez mais evidências de que essa capacidade, chamada de intuição ou tomada de decisão intuitiva, permite a detecção rápida de padrões em contextos ambíguos, incertos e com restrição de tempo."

A intuição é produto do processamento inconsciente de informações.

John Kounios, professor de psicologia na Universidade Drexel, afirmou que, quando uma ideia parece surgir de uma revelação ou como produto desse sexto sentido, "as pessoas costumam acreditar que é um fenômeno psíquico, porque não sabem de onde veio aquele pensamento. Mas ele é produto do processamento inconsciente de informações".

A definição de intuição

Sendo assim, o que exatamente *é* intuição? Aqui vão algumas definições selecionadas da literatura acadêmica:[10]

Jung: A função psicológica que transmite percepções de forma inconsciente.

Shirley e Langan-Fox: Um sentimento de certeza com base em informações inadequadas e sem consciência de pensamento racional.

Burke e Miller: Uma conclusão cognitiva baseada em experiências anteriores e aspectos emocionais do tomador de decisão.

Lieberman: A experiência subjetiva de um processo majoritariamente inconsciente – rápido, alógico e inacessível à consciência –, que, dependendo da exposição ao domínio ou ao espaço do problema, é capaz de extrair contingências probabilísticas com exatidão.

Apesar de haver dezenas, se não centenas, de definições para intuição, a grande maioria menciona algumas características decisivas.

Uma é que ela é *inconsciente* – ocorre fora do pensamento consciente. Não se trata tanto daquilo que você "pensa" em relação a algo, mas do que "sente" ou "sabe".

Outra característica é que a intuição envolve um processo em que estímulos ambientais são combinados com um padrão, categoria ou característica (inconsciente) profundo. Isso lembra muito os enquadramentos e filtros que mencionamos ao longo de todo este livro.

E a terceira característica do processo intuitivo é a *velocidade*. É ela que diferencia a intuição de outros tipos de conhecimento.

O que a intuição NÃO é

Há muitos termos que são quase sinônimos de intuição, mas não significam a mesma coisa. Se levarmos em conta que a intuição é inconsciente, ela é diferente de um *insight*. O insight é a compreensão que adquirimos por meio do raciocínio proposital e analítico, que depois deixamos "descansando". Um exemplo disso é uma empresária que deseja abrir um negócio, por isso analisa diferentes áreas e depois tem um insight que a leva a uma escolha.

Da mesma forma, intuição é diferente de *instinto*. O instinto é um mecanismo programado no cérebro que faz nosso corpo e nossa mente responderem automaticamente a estímulos. Um exemplo é sentir medo ao olhar para baixo quando estamos a uma altura muito grande. Ninguém precisa cair do telhado para ter o conhecimento instintivo de que é melhor ficar longe de lá.

O poder da intuição

Se a intuição é uma questão de processar informações do ambiente ao nosso redor de forma inconsciente, como podemos aproveitar esse poder? Como aprender a escutar sua intuição pode ajudar?

Imagine ser capaz de "sentir" quando alguém mente. E se você conseguisse avaliar melhor quando deve ou não confiar em uma pessoa? E conseguisse confiar nas suas escolhas e decisões, mesmo diante de uma oposição racional? Aprender a ouvir sua intuição pode fazer exatamente isso.

A intuição vem da capacidade de observar microexpressões no rosto e no corpo das pessoas ou pequenas coisas no ambiente que parecem diferentes. Se você mantiver contato com o mundo, começará a enxergar padrões. Essas intuições surgem de forma mais natural para certas pessoas, que são mais sensíveis.

O que bloqueia a intuição?

Até pessoas com habilidades naturais podem não conseguir acessar sua intuição. Um fator que prejudica essa capacidade é se manter ocupado demais. Se vivemos correndo de uma coisa para outra, verificando o telefone e as redes sociais o tempo todo, mandando mensagens enquanto caminhamos e dirigimos, podemos perder os sinais sutis que levam à intuição.

Também há momentos em que não QUEREMOS ouvir. Conhecemos alguém muito charmoso e bonito, e uma vozinha diz que algo está errado. Mas a pessoa é TÃO bonita que preferimos ignorar a sensação. Então, quando ficamos de coração partido, olhamos para trás e dizemos "Eu sempre soube". É o trabalho que você não devia ter aceitado, o amigo a quem você não devia ter emprestado dinheiro, a decisão que alguém o convenceu a tomar.

Outro grande bloqueio à intuição é a *emoção negativa*. Quando sentimos emoções intensas, o cérebro aciona o sistema nervoso simpático, que é um jeito de minimizar a quantidade de coisas em que podemos nos concentrar durante uma crise. Caso você esteja sendo perseguido na rua por alguém com más intenções, é pouco provável que note o aroma de pão de alho que emana do seu restaurante italiano favorito. Então, quando estamos com raiva, deprimidos ou de mau humor, a intuição pode passar despercebida.

Na verdade, um estudo publicado em 2013 no periódico *Psychological Science* mostrou que estar de bom humor aumenta a capacidade de fazer julgamentos intuitivos em um jogo de palavras.[11]

Isso não quer dizer que pessoas intuitivas nunca ficam nervosas – mas a intuição funciona melhor quando somos capazes de aceitar e dispensar conscientemente a maioria das emoções negativas em vez de suprimi-las ou remoê-las.

Oito formas de desenvolver a intuição

Como você pode aprender a desenvolver e confiar na intuição? Aqui vão oito maneiras:

1. **Medite.** Muitas pessoas acham que meditação é sentar de pernas cruzadas em uma almofada, entoando cânticos. Apesar de algumas formas de meditação serem assim, outras estão mais para uma reflexão silenciosa. Trata-se de parar e permitir que seus pensamentos pairem como nuvens no céu. Mensagens vindas da intuição costumam ser silenciosas, então passar um tempo em silêncio o ajudará a escutá-las e interpretá-las.

2. **Use seus sentidos.** Como a intuição vem de sinais sutis no ambiente, uma forma de desenvolver o sexto sentido é aprimorar os outros cinco. O que você escuta? Como é o gosto de algo? Analise bem as coisas. Sinta o cheiro delas. Toque nelas. Torne-se um observador da vida.

3. **Preste atenção nos seus sonhos.** Quando a mente cognitiva está ocupada, ela pode passar por cima da voz silenciosa da intuição. Porém, quando você está dormindo, sua mente cognitiva descansa, e a mente subconsciente pode transmitir símbolos e mensagens.

4. **Seja criativo.** A participação em atividades criativas, como desenho, colagem ou escrita livre, silencia a mente cognitiva e permite que a intuição fale.

5. **Tome um banho.** Você já ouviu alguém dizer "Minhas melhores ideias surgem no banho"? Algo na sensação da água

quente corrente e no movimento repetitivo de se banhar silencia a mente consciente e permite que a criatividade aflore. Caso você esteja tentando acessar a sua intuição, tome um banho ou lave a louça.

6. **Observe as pessoas.** Veja que tipo de informação você consegue assimilar ao observar as pessoas antes de falar com elas ou descubra algo sobre elas por terceiros. Quanto mais você prestar atenção, mais vai perceber que já sabe coisas que jamais poderia ter aprendido com a mente cognitiva.

7. **Alinhe-se com seus valores.** A mente pode afastá-lo da sua integridade, mas a intuição nunca fará isso. Se algo "parece" errado, provavelmente é.

8. **Treine as técnicas de escuta deste livro.** Assim como você pode usar as ideias e técnicas deste livro para se tornar um ouvinte melhor para outras pessoas, pode usá-las para aprender a escutar a sua intuição. Uma piada antiga dizia: "Falo sozinho porque sou o único que sempre acha que estou certo!"

Acredito em intuições e inspirações...
Às vezes, SINTO que tenho razão, não SEI que tenho.
— ALBERT EINSTEIN

Catorze dias para se tornar um ouvinte melhor

Tudo bem, então você leu o livro e deu uma olhada ou fez os exercícios. Agora chegou a hora de botar a mão na massa e realmente colocar em prática tudo que aprendeu. Não se trata de se tornar um ouvinte perfeito da noite para o dia. Pesquisas mostram que pessoas que fazem pequenas mudanças são bem mais capazes de manter essas mudanças do que aquelas que tentam transformar tudo na própria vida. Este capítulo oferece um plano sólido, com coisas práticas que você pode começar a fazer hoje mesmo para se tornar um ouvinte melhor em 14 dias. Após fazer várias mudanças pequenas, talvez você olhe ao redor e veja que, juntas, elas provocaram uma melhoria significativa!

É claro que sua vida profissional e sua vida pessoal não são separadas. Elas se misturam. Então, quando você se tornar um ouvinte melhor no trabalho, naturalmente se tornará um ouvinte melhor em casa.

Começaremos com o ambiente de trabalho, porque é um espaço que costuma ter menos carga emocional. Você terá uma semana para treinar suas habilidades de escuta antes de passar para sua casa.

Vamos começar!

PRIMEIRA SEMANA
Como escutar melhor no trabalho: chefes, colegas, subordinados e outros

Primeiro dia: O detetive

Hoje você se tornará um detetive à paisana observando outras pessoas. Após todo o conhecimento que absorveu deste livro, quem são os ouvintes eficientes no seu ambiente de trabalho? Escreva o nome dessas pessoas a seguir, junto com um exemplo de quando escutaram de verdade. Tente encontrar cinco pessoas.

1. _____
2. _____
3. _____
4. _____
5. _____

Agora, escreva o nome das pessoas que *não* têm uma escuta ativa. O que na atitude delas indica que não estão escutando? Mais uma vez, tente encontrar cinco pessoas.

1. _____
2. _____
3. _____
4. _____
5. _____

Quais dos comportamentos, tanto positivos quanto negativos, você quer trabalhar? Em outras palavras, quais comportamentos de escuta ativa você quer melhorar e quais deseja diminuir ou eliminar?

Segundo dia: Enquadramentos e filtros no trabalho

Conforme você segue com seu dia, reflita como seus enquadramentos e filtros afetam a sua escuta.

O CHEFE
Descreva uma interação com seu chefe que tenha ocorrido hoje. Você provavelmente o escutou por meio do filtro "chefe/funcionário". Em outras palavras, em que informações você se concentra mais ao se comunicar com essa pessoa e o que ignora? Descreva o que você ouviu com base no seu filtro:

_____
_____
_____
_____
_____
_____
_____
_____
_____
_____

Agora, mude um pouco o enquadramento. Pense no seu chefe como um funcionário, por exemplo. Então, como você escuta o que ele disse? A mudança de enquadramento afeta a sua percepção da interação? Escreva suas observações aqui:

_____

_____

_____

_____

_____

Terceiro dia: Vieses inconscientes

COLEGAS DE TRABALHO

Como mencionado antes, vieses inconscientes tendem a influenciar a comunicação. Veja se consegue observar uma interação com um colega em que um de vocês tenha sido tendencioso de alguma forma. Sua análise não precisa ter um viés racial, mas um momento em que o ponto de vista de uma pessoa influencia a maneira como ela escuta. Por exemplo, Sally fica sabendo que Mark vai começar a ser pago por horas extras. Ela acredita que ele sempre faz hora extra porque não trabalha o suficiente durante o dia. Anote todos os vieses inconscientes que encontrar hoje:

_____

_____

_____

_____

_____

_____

Como as mensagens poderiam ser interpretadas com um enquadramento diferente?

_____
_____
_____
_____
_____
_____
_____
_____

Quarto dia: Controle emocional

SUBORDINADOS

Caso você não seja responsável pelo trabalho de mais ninguém, pode praticar o exercício com outras pessoas no trabalho.

Se você *tiver* subordinados, na próxima vez em que precisar ter uma conversa difícil, pratique os seis passos do controle emocional:

1. Afaste-se da situação e se concentre nas emoções da outra pessoa.

2. Tente encontrar a fonte das emoções. Elas vêm de diferentes enquadramentos ou filtros?

3. Fale abertamente sobre os sentimentos dela.

4. Expresse os próprios sentimentos de forma não combativa.

5. Reconheça que os sentimentos da outra pessoa são válidos.

6. Caso necessário, saia do cômodo.

Descreva a experiência:

_____
_____
_____
_____
_____
_____

Quinto dia: Os sete tipos de ouvinte no trabalho

Para cada um dos sete tipos de ouvinte a seguir, identifique alguém no ambiente de trabalho que tenha esse estilo predominante.

Os distraídos
Os de corpo presente
Os intrometidos
Os indiferentes
Os combativos
Os terapeutas
Os engajados

Agora, para cada pessoa na lista, como você as escutará de forma mais eficiente?

_____
_____
_____
_____
_____
_____
_____

Sexto dia: Estilos de decisão

Identifique as pessoas no trabalho cujo principal estilo de decisão seja um dos seguintes:

Hierárquico: Pessoas que tomam decisões cuidadosas e lentas, com base em muitas informações e análises.

_____
_____

Integrativo: Pessoas que usam muitas informações e gostam de cogitar várias opções.

_____
_____

Decidido: Pessoas que usam uma quantidade mínima de informações para chegar rapidamente a uma conclusão definitiva.

_____

_____

Flexível: Pessoas com estilos de pensamento muito fluidos, que usam poucas informações de várias formas.

_____

_____

Sétimo dia: Conflito no ambiente de trabalho

Da próxima vez que você passar por um conflito no trabalho, treine usando as três fases da resolução de conflitos. Escreva suas experiências em cada fase.

Com quem foi o conflito?

_____

_____

Qual foi o motivo?

_____

_____

_____

_____

Primeira fase: Explore o ponto de vista da outra pessoa.
O ponto de vista dela:

_____

_____

Segunda fase: Explique o seu ponto de vista.
O seu ponto de vista:

_____

_____

Terceira fase: Crie soluções.
Soluções:

_____

_____

_____

_____

SEGUNDA SEMANA
Como escutar melhor em casa: parceiros, pais, irmãos, filhos, amigos[12]

Oitavo dia: Geradores de respostas

Vamos começar a semana em casa com a prática de geradores de respostas. Hoje, com as pessoas na sua vida pessoal, faça as seguintes perguntas e veja se elas geram uma resposta diferente das que você costuma receber:

- Ah, é?
- De que forma?
- Como?
- Conte mais.
- Dê um exemplo.

Descreva os resultados no espaço a seguir:

_____

_____

_____

_____

_____

Nono dia: Estilos de conflito em casa

Identifique as pessoas na sua vida que seguem cada um dos estilos de conflito a seguir.

O leão. É competitivo. Dá mais valor a "vencer a discussão" do que ao relacionamento. Essa pessoa encara conflitos como competições. "Sei que eles vão mudar de ideia quando entenderem meu argumento." É uma mentalidade de "eu ganho/você perde".

O avestruz. Foge de conflitos sempre que pode. Para essas pessoas, entrar em conflito É o problema, e discutir não vale a pena, porque não vai mudar a situação. "Prefiro esquecer esse assunto." É uma mentalidade de "eu perco/você perde".

O cachorro. Dá mais valor ao relacionamento do que a qualquer outra coisa e cederá aos desejos da outra pessoa para manter a relação. É o exato oposto do leão. "Tudo bem, vamos fazer do seu jeito." É uma abordagem de "eu perco/você ganha".

O peixe. Concentra-se na colaboração e no trabalho em equipe, como um cardume. Essas pessoas querem debater opções diferentes para encontrar aquela que beneficia todos. É uma abordagem de "eu venço/você vence".

Ao identificar os estilos expressados por outras pessoas, temos mais facilidade para sair de nossos próprios enquadramentos e entrar no enquadramento delas.

Nos próximos dias você fará exercícios divertidos para se tornar um ouvinte melhor.

Décimo dia: O exercício dos sons

Hoje vamos trabalhar a escuta não verbal. Preste atenção em todos os sons ao seu redor: o zumbido da geladeira, os cliques de um teclado, o ronco de um ar-condicionado. Escute o som distante (ou não tão distante assim) do trânsito; passou algum avião por perto? Escute as pessoas trabalhando, martelando, cortando a grama. Escute-as conversando, rindo, chorando. Escute seus próprios sons, sua própria respiração. Qual é a "vibe" ao seu redor?

Décimo primeiro dia: O exercício das cores

As crianças vão gostar deste. Sente-se cara a cara com o seu filho. Peça a ele que diga uma cor, como "vermelho". Você diz "vermelho". Seu filho então diz outra cor: "Azul." Você responde "azul". Sempre repita a cor escolhida pela criança.

Aumente a velocidade da resposta. Assim que ele começar a dizer uma cor, você a repete quase ao mesmo tempo.

No fim do exercício, é provável que você e seu filho estejam falando as cores juntos! Você está lendo mentes? Não, não, está se tornando mais sutilmente antenado a escutar os sinais dele, por estar mais focado.

Décimo segundo dia: Adivinhações

Esta brincadeira pode ser feita com um grupo de amigos ou com a sua família. Antes de começar, escreva em cartões algumas situações e ações. Por exemplo, "Comprar amendoins em um jogo de beisebol".

Cada dupla escolhe um cartão. Uma pessoa precisa fazer a outra adivinhar o que está fazendo usando apenas mímica.

O exercício estimula as habilidades de escuta, porque exige foco na linguagem corporal não verbal.

Décimo terceiro dia: Divergência solidária

Este exercício pode ser feito com um companheiro. Uma pessoa faz uma declaração. A segunda repete a parte com que concorda e rejeita outra parte específica de maneira educada. Por exemplo:

> LARRY: Adoro donuts de chocolate.
> MICHELLE: Adoro donuts de chocolate, mas eles engordam muito.

A ideia é praticar a escuta nos momentos em que vocês divergem de opinião.

Décimo quarto dia: Chegamos ao fim

Parabéns! Você chegou ao fim das duas semanas. Reserve um momento hoje para refletir.

Qual foi o seu exercício favorito?

_____

_____

Você acha que suas habilidades de escuta melhoraram?

_____

_____

Que comportamentos você pretende adotar na sua vida?

_____

_____

Alguém fez algum comentário ou observação sobre o assunto?

_____

_____

Você teve problemas com algum exercício? O que aconteceu?

_____

_____

_____

Qual foi sua principal conclusão depois das duas semanas?

_____

_____

_____

_____

_____

Notas

1. Essa história foi contada pelo dr. Alan Filley, professor de gestão de conflitos.
2. Patrick Barwise e Seán Meehan, "So You Think You're a Good Listener", Harvard Business Review, abril de 2008; https://hbr.org/2008/04/so-you-think-youre-a-good-listener; acessado em 16 de agosto de 2016.
3. História adaptada de Deborah Tannen, *Talking from 9 to 5: Women and Men at Work* (Nova York: William Morrow, 1990), 87.
4. Esse modelo se baseia no "Conflict Management Questionnaire" (Questionário de gerenciamento de conflitos); http://academic.engr.arizona.edu/vjohnson/SelfAssessment%20documents/Conflict%20Management%20Questionnaire.doc; acessado em 17 de agosto de 2016.
5. Adaptado de Anthony Falikowski, *Mastering Human Relations*, 3. ed. (Don Mills, Ontário: Pearson Education Canada, 2002).
6. Os sinais se baseiam no livro *O que todo corpo fala: um ex-agente do FBI ensina como decodificar a linguagem corporal e ler as pessoas*, de Joe Navarro (Rio de Janeiro: Sextante, 2021).
7. https://en.wikipedia.org/wiki/Balance_theory; acessado em 15 de agosto de 2016.
8. Justin Kruger et al., "Egocentrism over E-mail: Can We Communicate as Well as We Think?", *Journal of Personality and Social Psychology*, 89:5, 925–936.
9. Channing Joseph, "U.S. Navy Program to Study How Troops Use Intuition"; *The New York Times*, 27 de março de 2012; http://atwar.blogs.nytimes.com/2012/03/27/navy-program-to-study-how-troops-use-intuition/?_r=0; acessado em 15 de agosto de 2016.

10 Erik Dane e Michael G. Pratt, "Exploring Intuition and Its Role in Managerial Decision Making". *Academy of Management Review*, 32:1 (2007): 33-54.

11 Annette Bolte, Thomas Goschke e Julius Kuhl, "Emotion and Intuition Effects of Positive and Negative Mood on Implicit Judgments of Semantic Coherence", *Psychological Science*. 14:5 (setembro de 2003), 416-421; http://pss.sagepub.com/content/14/5/416.short; acessado em 15 de agosto de 2016.

12 Alguns dos exercícios foram adaptados do Centro de Recursos de Escuta de San Mateo, "Listening Exercises to Help You Be a Better Communicator"; http://www.hearingresourcecentersm.com/ListeningExercisesToHelpYouBecomeaBetterCommunicator.htm; acessado em 19 de agosto de 2016.

CONHEÇA ALGUNS DESTAQUES DE NOSSO CATÁLOGO

- Augusto Cury: Você é insubstituível (2,8 milhões de livros vendidos), Nunca desista de seus sonhos (2,7 milhões de livros vendidos) e O médico da emoção
- Dale Carnegie: Como fazer amigos e influenciar pessoas (16 milhões de livros vendidos) e Como evitar preocupações e começar a viver
- Brené Brown: A coragem de ser imperfeito – Como aceitar a própria vulnerabilidade e vencer a vergonha (600 mil livros vendidos)
- T. Harv Eker: Os segredos da mente milionária (2 milhões de livros vendidos)
- Gustavo Cerbasi: Casais inteligentes enriquecem juntos (1,2 milhão de livros vendidos) e Como organizar sua vida financeira
- Greg McKeown: Essencialismo – A disciplinada busca por menos (400 mil livros vendidos) e Sem esforço – Torne mais fácil o que é mais importante
- Haemin Sunim: As coisas que você só vê quando desacelera (450 mil livros vendidos) e Amor pelas coisas imperfeitas
- Ana Claudia Quintana Arantes: A morte é um dia que vale a pena viver (400 mil livros vendidos) e Pra vida toda valer a pena viver
- Ichiro Kishimi e Fumitake Koga: A coragem de não agradar – Como se libertar da opinião dos outros (200 mil livros vendidos)
- Simon Sinek: Comece pelo porquê (200 mil livros vendidos) e O jogo infinito
- Robert B. Cialdini: As armas da persuasão (350 mil livros vendidos)
- Eckhart Tolle: O poder do agora (1,2 milhão de livros vendidos)
- Edith Eva Eger: A bailarina de Auschwitz (600 mil livros vendidos)
- Cristina Núñez Pereira e Rafael R. Valcárcel: Emocionário – Um guia lúdico para lidar com as emoções (800 mil livros vendidos)
- Nizan Guanaes e Arthur Guerra: Você aguenta ser feliz? – Como cuidar da saúde mental e física para ter qualidade de vida
- Suhas Kshirsagar: Mude seus horários, mude sua vida – Como usar o relógio biológico para perder peso, reduzir o estresse e ter mais saúde e energia

CONHEÇA OS LIVROS DE DALE CARNEGIE

Como fazer amigos e influenciar pessoas

Como evitar preocupações e começar a viver

Como fazer amigos e influenciar pessoas na era digital

Como falar em público e encantar as pessoas

Como se tornar inesquecível

Como desfrutar sua vida e seu trabalho

As 5 habilidades essenciais dos relacionamentos

Liderança

Escute!

Venda!

Para saber mais sobre os títulos e autores da Editora Sextante,
visite o nosso site e siga as nossas redes sociais.
Além de informações sobre os próximos lançamentos,
você terá acesso a conteúdos exclusivos
e poderá participar de promoções e sorteios.

sextante.com.br